토익 실전 연습   Week **23**

QR코드 하나를
가리고 찍으면 편해요!

▲ MP3 바로듣기   ▲ 강의 바로보기

Part 1

1.

3.

4.

5.

6.

Part 2

7. Mark your answer.   (A) (B) (C)

8. Mark your answer.   (A) (B) (C)

9. Mark your answer.   (A) (B) (C)

10. Mark your answer.   (A) (B) (C)

11. Mark your answer.   (A) (B) (C)

12. Mark your answer.   (A) (B) (C)

13. Mark your answer.   (A) (B) (C)

14. Mark your answer.   (A) (B) (C)

15. Mark your answer.   (A) (B) (C)

16. Mark your answer.   (A) (B) (C)

17. Mark your answer.   (A) (B) (C)

18. Mark your answer.   (A) (B) (C)

19. Mark your answer.   (A) (B) (C)

20. Mark your answer.   (A) (B) (C)

21. Mark your answer.   (A) (B) (C)

22. Mark your answer.   (A) (B) (C)

23. Mark your answer.   (A) (B) (C)

24. Mark your answer.   (A) (B) (C)

25. Mark your answer.   (A) (B) (C)

26. Mark your answer.   (A) (B) (C)

700+
기출 Point

1. 생소한 동사 어휘 [Part 1]

- **adjusting** some equipment — 기구를 조절하다, 맞추고 있다
- **weighing** items on a scale — 저울에 물건의 무게를 재고 있다
- **stirring** a pot — 냄비를 젓고 있다
- **trimming** the bushes — 덤불을 다듬고 있다
- **emptying** a basket — 양동이를 비우고 있다
- **strolling** on a beach — 해변을 거닐고 있다
- **securing** a box with tape — 테이프로 상자를 고정시키고 있다
- **assembling** some shelves — 선반을 조립하고 있다
- **waving** to a friend — 친구에게 손을 흔들고 있다
- **kneeling** — 무릎을 꿇고 있다
- **lying** on the ground — (사물이) 바닥에 놓여 있다
- **resting** one's hands on the table — 두 손을 테이블 위에 두고 있다
- **measuring** the board — 널빤지를 재고 있다
- **sliding** a door open — 문을 밀어 열고 있다
- **handing** him a cardboard box — 남자에게 종이 상자를 건네고 있다
- **be separated** by a partition — 파티션으로 나뉘어 있다
- Columns **line** a walkway. — 기둥들이 보도에 늘어서 있다. (cf.) line v. ~을 따라 늘어서다

2. 생소한 명사 어휘 [Part 1]

- **container** 용기, 그릇
- **patio** 야외 테라스
- **lawn mower** 잔디 깎는 기계
- **bushes** 관목, 덤불
- **rack** 걸이
- **lamppost** 가로등
- **doorway** 출입구
- **stool** 등받이 없는 의자
- **bulletin board** 게시판

- **scale** 저울
- **aisle** 통로, 복도
- **handrail** 계단 등의 난간
- **shovel** 삽
- **wheel** 바퀴
- **clipboard** 클립보드, 집게로 종이를 끼우는 판
- **pavement** 포장된 바닥
- **podium** 연단
- **flyer** 전단지

3. 빈출 수락/동의 & 거절 응답 [Part 2]

수락/동의	거절
· That would be nice. 그러면 좋겠네요.	· I have other plans. 다른 계획이 있어서요.
· That'll be great. 그러면 좋을 거예요.	· I'm afraid I can't. 유감스럽지만 못해드릴 것 같아요.
· That's a good idea. 좋은 생각이에요.	· No, thank you. I'm full. 고맙지만 사양할게요. 저 배불러요.
· That sounds good. 좋아요.	· Thanks, but Mr. Rice will handle it. 고맙지만 라이스 씨가 처리할 거예요.
· Sure, I'll do it right now. 물론이죠, 지금 바로 해드릴게요.	· I wasn't planning to. 그럴 계획이 아니었어요.
· I'd be happy to. / I'd be glad to. 기꺼이 할게요.	· Sorry, I'm busy that day. 죄송해요, 저 그날 바빠요.
· Go ahead. 그렇게 하세요.	· I'd like to, but I still have a lot to do. 그러고 싶지만 할 게 너무 많아요.
· Not at all. 천만에요. (Do you mind ~? 질문에 대한 수락)	· I wish I could. 저도 그러고 싶어요.
· Of course. 물론이죠. = Absolutely, Certainly, Definitely	· That's not our department's responsibility. 그건 저희 부서의 일이 아닙니다.
· If you don't mind. 괜찮으시다면요.	· I'm in meetings all afternoon. 전 오후 내내 회의가 있어요.
· I'd appreciate that. 그럼 감사하죠.	
· Let me do that for you. 제가 해드릴게요.	

4. 선택 의문문 '둘 다 좋아/둘 다 아냐/둘 중 아무거나' 답변 [Part 2]

❶ 둘 다 좋아

· I like both of them.	둘 다 좋아요.
· I'm considering both.	두 가지 다 고려중이에요.
· I'd like some of each.	각각 조금씩 할게요.

❷ 둘 다 아냐

· No, neither of them has.	아뇨, 그들 중 누구도 하지 않았어요.
· Neither, thank you.	고맙지만 둘 다 아니에요.
· I don't like either.	둘 다 마음에 들지 않아요.

❸ 둘 중 아무거나

· Either is fine with me.	어느 것이든 괜찮습니다.
· Whichever way is cheapest.	어느 방식이든 저렴한 것으로요.
· Whichever you want.	당신이 원한다면 어느 것이든지요.
· I don't have a preference.	저는 선호하는 건 없어요.
· It doesn't matter to me.	저는 상관 없어요.
· It makes no difference.	별 차이 없어요.
· Anyone who was invited.	초대받은 사람이면 누구든지요.
· It's up to you.	당신이 결정하세요.

Part 3

▲ MP3 바로듣기   ▲ 강의 바로보기

1. What are the speakers mainly discussing?

(A) A sales report
(B) A product launch
(C) A store opening
(D) A training session

2. What problem does the man mention?

(A) Some staff members are late.
(B) A meeting was postponed.
(C) Some information was not sent.
(D) A product has sold poorly.

3. What does the man agree to do by Tuesday?

(A) Arrange a meeting
(B) Speak with his manager
(C) E-mail a document
(D) Visit a client

---

4. Why is the man calling?

(A) To organize a meal
(B) To increase an order
(C) To request information
(D) To complain about some items

5. Where does the woman probably work?

(A) At a coffee shop
(B) At a supermarket
(C) At a factory
(D) At a hotel

6. What does the woman say she will do?

(A) Speak to her supervisor
(B) Provide a bulk discount
(C) Prepare some food items
(D) Change a delivery time

Common System Errors	Details
#03265	Incorrect Password
#04873	Cannot Locate Folder
#02984	Cannot Save File
#05812	Not Enough Memory

7. Who most likely is the woman?

(A) A factory worker
(B) A class instructor
(C) A store clerk
(D) A Web site designer

8. Look at the graphic. Which error number is the laptop displaying?

(A) #03265
(B) #04873
(C) #02984
(D) #05812

9. What will the woman most likely do next?

(A) Give a demonstration
(B) Speak with a supervisor
(C) Repair a device
(D) Schedule an appointment

Part 4

▲ MP3 바로듣기   ▲ 강의 바로보기

10. Who most likely is the listener?

(A) A security guard
(B) A real estate agent
(C) An office supervisor
(D) A maintenance worker

11. What information does the speaker need?

(A) A business address
(B) An opening time
(C) A building pass code
(D) A telephone number

12. What does the speaker ask the listener to do?

(A) Join her for coffee
(B) Provide her with directions
(C) Send her a message
(D) Call her back

---

13. What is the main topic of the broadcast?

(A) A magazine article
(B) A library service
(C) An educational program
(D) A recycling project

14. What will users of the application be able to do?

(A) Upgrade a membership
(B) Consult a professional
(C) Sign up for an event
(D) Receive notifications

15. What does the speaker imply when he says, "And that's not all"?

(A) He thinks the app has some drawbacks.
(B) He will describe another feature of the app.
(C) He believes the app will be popular.
(D) He will recommend some different apps.

Train Number	Departure Time	Destination
P12	09:00	Providence
B59	09:45	Boston
A46	10:30	Albany
S23	11:15	Springfield

16. What is the main purpose of the announcement?

(A) To describe the station facilities
(B) To explain a new policy
(C) To apologize for upcoming construction
(D) To remind passengers about a platform change

17. According to the speaker, what can the listeners do in the station?

(A) Visit a gift shop
(B) Sample free food
(C) Charge their phones
(D) Obtain some pamphlets

18. Look at the graphic. Which train does the speaker say will be delayed?

(A) P12
(B) B59
(C) A46
(D) S23

DAY 02

Part 3, 4 실전 연습

700+
기출 Point

1. 시각자료_교통 안내 [Part 3,4]

기차나 버스, 비행기의 출발/도착 상태를 나타내는 시각자료도 자주 나오는 편입니다. 출발지와 도착지, 시간, 지연되거나 취소된 상황 등을 재빨리 파악해야 합니다.

Origin	Status	Arrival Time
Cleveland	Arrived	4:20 PM
Pittsburgh	Delayed	7:00 PM
Detroit	On Schedule	7:35 PM
St. Louis	On Schedule	8:00 PM

이렇게 파악해요!
피츠버그 발 교통편이 연착(delayed)되고 있군. 디트로이트 발, 세인트 루이스 발 교통편은 정시 운행(on schedule) 중이고.

Destination	Departure
Bakersfield	8:10
Richmond	CANCELED
Glenrock	8:30
Camden	DELAYED

이렇게 파악해요!
리치몬드 행 교통편이 취소(canceled)되었군. 캠든으로 가는 교통편은 출발이 지연(delayed)되었고. 나머진 나와 있는 시각에 출발하겠지.

필수 어휘

departure 출발	arrival 도착
destination 목적지	origin 출발지
bound for Chicago 시카고 행의	gate (공항) 탑승구
status 상황	delayed 지연된
on schedule 일정대로	canceled 취소된
baggage claim 짐 찾는 곳	landed 착륙한
boarding pass 탑승권	flight number 항공편 번호
full (좌석 등이) 모두 찬	available (좌석 등이) 이용 가능한, 남은 자리가 있는

2. paraphrasing 상위 개념어 Part 3, 4

대화/담화의 내용이 선택지에서 정답으로 나올 때 상위 개념어를 이용하는 경우가 많기 때문에 아래 정리한 것들을 기억해 두세요.

- new security camera 새 보안 카메라
  → equipment 장비
- manuals 설명서
  → materials 자료, instructions 사용 안내서
- snack 스낵, drink 음료
  → refreshments 다과
- juice 주스, soda 탄산 음료
  → beverages 음료
- dinner 저녁식사, lunch 점심식사
  → meal 식사
- be discontinued 단종되다
  → unavailable 구매할 수 없는
- have a lot of experience 경험이 많다
  → be familiar 익숙하다
- add items to the order 주문에 물품을 추가하다
  → update an order 주문을 업데이트하다

- survey customers 고객 설문조사를 하다
  → collect customer feedback
    고객 의견을 수집하다
- hall 홀, 방
  → venue 행사 장소
- won't turn on 켜지지 않는다
  → is not working 작동되지 않는다
- a jazz concert 재즈 콘서트
  → a musical performance 음악 공연
- race 경주
  → competition 경쟁, 시합
- contract 계약서
  → legal document 법률 서류, agreement 합의
- hotel 호텔, inn 여관
  → accommodation 숙박

3. 최빈출 문제점 Part 3,4

기술적인 문제	The computer is not working properly.	컴퓨터가 제대로 작동하지 않는다.
	His computer is malfunctioning.	그의 컴퓨터가 제대로 작동하지 않는다.
매출 부진	Business is slow.	사업이 부진하다.
	Sales have gone down.	매출이 줄었다.
	The company's profits have decreased.	회사 수익이 줄었다.
배송/일정 문제	A shipment was not delivered.	선적물이 배송되지 않았다.
	The order[shipment] has been delayed.	주문품[배송품]이 지연되었다.
	There is a scheduling conflict.	일정 상의 충돌이 있다.
예산 문제	A limited budget	제한적인 예산
	There isn't enough budget.	예산이 충분하지 않다.
	They are short on funds.	그들은 자금이 부족하다
제품/서비스 문제	A room[service, material] is unavailable.	방[서비스, 자재]가 이용 불가하다.
	The product has been discontinued.	제품이 단종되었다.
	He was overcharged for his purchase.	구매에 대해 과다 청구되었다.
	A bill is incorrect.	청구서가 잘못되었다.

Part 5

▲ 강의 바로보기

1. Anyone seeking physiotherapy treatment must obtain a ------- from their doctor.

   (A) referring
   (B) referred
   (C) referral
   (D) refer

2. If your order is damaged during shipping, please call 555-8698 for customer -------.

   (A) supported
   (B) supportive
   (C) support
   (D) supporting

3. Ascot Bank's Main Street and Harp Road locations will remain open on Christmas Eve, as ------- branches contain customer service departments.

   (A) whose
   (B) theirs
   (C) these
   (D) ours

4. The film festival was announced two months ago, but the list of featured films ------- has not been released publicly.

   (A) still
   (B) yet
   (C) already
   (D) only

5. I am positive that you will find our large conference room very ------- and to your liking.

   (A) comfort
   (B) comfortably
   (C) comfortable
   (D) comforts

6. ------- compensate Ms. Wincott for the damage caused to her dress, the dry cleaner offered her a $100 gift certificate.

   (A) So that
   (B) In order to
   (C) When
   (D) Even if

7. While working in the lab, researchers should follow the procedures strictly for ------- test results.

   (A) relying
   (B) reliably
   (C) rely
   (D) reliable

8. In the past three weeks, Electro Inc. has become ------ involved in talks to purchase its primary rival.

   (A) intimate
   (B) intimation
   (C) intimated
   (D) intimately

9. Ms. Grey accidentally left her purse in the conference room ------- her interview took place.

(A) what
(B) which
(C) where
(D) that

10. NCH Group will ------- several new luxury hotels that are conveniently located near major train stations.

(A) notice
(B) invite
(C) open
(D) enter

11. For those who are allergic to pork, many restaurants ------- more vegetarian menu options in the last ten years.

(A) will introduce
(B) have introduced
(C) will have introduced
(D) to introduce

12. The mayor of Riverside ------- all local residents to attend a public hearing at City Hall.

(A) agreed
(B) purchased
(C) discussed
(D) encouraged

13. Greenberg Marketing Group has decided to conduct an extensive customer survey on behalf ------- the Denham Department Store.

(A) for
(B) of
(C) with
(D) to

14. Please contact Ms. Scott in the personnel office if you did not receive the memorandum ------- the new corporate security policies.

(A) without
(B) following
(C) regarding
(D) throughout

15. The board members should decide ------- will lead the product presentation at the seminar in Hong Kong.

(A) who
(B) that
(C) where
(D) why

16. Arko Petroleum Inc.'s new company policy for the staff dress code ------- only to its full-time employees.

(A) apply
(B) applies
(C) applying
(D) are applied

Questions 17-20 refer to the following memo.

To: All employees
From: Lance Kozelek
Date: December 16
Subject: Gifts for Customers

Don't forget that for a three-day period starting on December 20th, we will be offering free gifts to customers in our stores.

For this ------- , which is part of our series of seasonal sale activities, we will prepare several ------- .
    17.   **18.**
These will describe how customers can claim their complimentary gift. We will affix them to the walls near cash registers and outside the main entrance of ------- branches. ------- . Thanks for your hard
                                                     19.   **20.**
work and cooperation.

17. (A) distribution
    (B) distributing
    (C) distributor
    (D) distributes

19. (A) participated
    (B) participation
    (C) participates
    (D) participating

18. (A) advisors
    (B) coupons
    (C) discounts
    (D) posters

20. (A) Staff should return these customer survey forms to me on the 20th.
    (B) Product refunds are only offered if a receipt is presented.
    (C) We are seeking several volunteers to clean the store.
    (D) Make sure all customers are aware of the offer.

Questions 21-24 refer to the following e-mail.

To: Sally Sturgess
From: Guest Services
Subject: Your Recent Stay at Gleneagles Resort
Date: November 25

Dear Ms. Sturgess,

We are terribly sorry to hear about the problems you encountered during your stay at Gleneagles Resort from November 19 to November 21. Please be assured that the used towels and the unchanged bedding you found in your room are not ------- of the high standards of service on which our resort has
                                                         21.
built its reputation. All of our rooms are usually equipped with fresh towels and bedding before guests are allowed to check in. We apologize for the -------.
                                                         22.

We would be happy to ------- you with a complimentary one-night stay at our resort, including a meal
                          23.
at our Italian restaurant, Santini's. The next time you reserve a room at our resort, simply print out the voucher attached to this e-mail and present it to the front desk staff upon checking in. -------.
                                                                                              24.

Sincerely,

Oscar Plimpton
Guest Services, Gleneagles Resort

---

21. (A) representative
(B) represented
(C) representatively
(D) represents

22. (A) decision
(B) oversight
(C) similarity
(D) factor

23. (A) have provided
(B) providing
(C) be provided
(D) provide

24. (A) The resort is conveniently located in the commercial district.
(B) Most of our guests are satisfied with this new service.
(C) However, one of our staff members promptly addressed the matter.
(D) Once again, I apologize for the poor standard of service you received.

700+ 기출 Point

1. 지시형용사

3. 형용사

지시대명사는 같은 의미를 가지면서 명사를 수식하는 역할을 하는 형용사로도 사용될 수 있는데, 이것을 지시형용사라고 합니다. 뒤에 오는 명사가 단수면 this/that을, 복수면 these/those를 사용합니다.

We will provide information about nearby restaurants beginning **this** month.
저희는 이번 달부터 근처의 레스토랑들에 관한 정보를 제공할 것입니다.

2. still, yet, already 부사 비교

4. 부사

	의미	주요 시제 결합 빈도	구문 내 위치	
still	여전히	현재, 현재완료>미래>과거	still + 현재시제	여전히 ~하다
			still + have not p.p.	여전히 ~하지 않았다
			will + still + 동사원형	여전히 ~할 것이다
yet	아직	현재완료	have + yet + to부정사	아직도 ~해야 하다
			have not + yet + p.p	아직 ~하지 않았다
already	이미, 벌써	현재완료, 현재, 과거완료, 과거	have + already p.p.	이미 ~했다
			be + already + p.p.	이미 ~되어 있다
			may + already + be	벌써 ~일 수도 있다

Dave's Cleaning Service **has** **yet** **to determine** the venue for its 10th anniversary.
데이브 클리닝 서비스 사는 아직 자사의 창립 10주년 행사 장소를 결정하지 못했다.

3. 관계대명사와 관계부사 구분

9. 관계사

관계사가 관계사절에서 명사의 기능을 하면 관계대명사, 부사의 역할을 하면 관계부사라고 합니다. 관계대명사가 이끄는 절은 불완전한 구조이고, 반대로 관계부사가 이끄는 절은 구성 요소가 모두 갖춰진 완전한 구조입니다.

A discount coupon will be provided to **anyone** **who** purchases items on our Web site.
저희 웹사이트에서 제품을 구입하시는 모든 분께 할인 쿠폰이 제공될 것입니다.

The conference hall **where** we made a presentation will hold the annual event.
우리가 발표를 했던 컨퍼런스 홀이 그 연례 행사를 개최할 것이다.

4. 현재완료시제와 어울리는 시간 표현

lately 최근에	recently 최근에	just 이제 막	since 그 이래로
for + 기간 ~ 동안에	since + 과거시점 ~ 이래로		
over[for, in, during] the last[past] + 기간 지난 ~의 동안			

Ms. Leslie **has written** business editorials for many newspapers **for the past 10 years.**
레즐리 씨는 지난 10년 동안 많은 신문들에 비즈니스 논설을 썼다.

5. to부정사를 목적보어로 가지는 5형식 타동사

5형식 타동사의 목적보어 자리에 to부정사가 사용되어 「동사 + 목적어 + to부정사」의 구조로 쓰이는 동사들이 있습니다. '~에게 …하도록 하다'라고 해석하며, 빈칸 뒤에 위치한 「목적어 + to부정사」의 구조를 확인해 이 구조와 어울리는 동사를 정답으로 선택하는 문제가 출제됩니다.

Bautista Airlines **encourages** passengers **to take** advantage of its complimentary blankets.
바우티스타 항공사는 승객들에게 자사의 무료 담요를 이용하도록 권한다.

6. 명사 결합형 전치사구

in addition to ~에 더해	as a result of ~에 따른 결과로	on behalf of ~을 대신해
in case of ~의 경우에	in the event of ~의 경우에	in response to ~에 대응해
in observance of ~을 준수해	in recognition of ~을 인정해	in accordance with ~에 따라

7. 명사절 접속사 WH 의문사

WH 의문사(what, who, whose, whom, where, when, why, which, how)도 명사절을 이끄는 접속사로 사용될 수 있습니다.

Many customers have sent us an e-mail **about when** the new device will be launched.
많은 고객들이 언제 새 기기가 출시되는지에 관해 우리에게 이메일을 보냈다.

What we discussed during the staff meeting **was** better working conditions.
직원 회의 중에 우리가 논의한 것은 더 나은 근무 환경이었다.

8. 사람명사 VS 행위명사

선택지에 두 개 이상의 명사가 제시될 때는 [사람명사 - 행위명사]의 조합으로도 나옵니다. 동사 또는 주변 상황에 맞는 알맞은 의미의 명사를 정답으로 선택하면 됩니다.

applicant 지원자 - application 지원	assistant 조수 - assistance 보조
attendee 참석자 - attendance 참석(자의 수)	accountant 회계사 - accounting 회계
advisor 조언자 - advice 조언	consultant 상담사 - consultation 상담
competitor 경쟁자 - competition 경쟁	director 감독 - direction 지시
instructor 강사 - instruction 설명	negotiator 협상가 - negotiation 협상
representative 직원 - representation 대리	supervisor 감독관 - supervision 감독

The strategy experts are available for [**consultation** / consultant] **by telephone**.
전략 전문가들과의 상담이 전화로 가능합니다.

9. 명사를 수식하는 현재분사

현재분사는 명사를 앞 또는 뒤에서 수식하는 형용사의 기능을 할 수 있습니다. 이때 수식을 받는 명사와의 관계가 능동일 때 현재분사를 고르면 됩니다.

There is **growing** speculation that Roland Corporation will go out of business.
롤랜드 사가 파산할 것이라는 커지는 추측이 있다.

Mr. Ericson will be the **operations director** **overseeing** all the regional offices.
에릭슨 씨가 모든 지역 사무소들을 총괄하는 운영이사가 될 것입니다.

10. 문장삽입: 앞뒤 문장 파악하기

- 빈칸을 기준으로 앞뒤에 위치한 문장이 어떤 논리 관계로 연결되는지 파악하는 것이 가장 중요합니다. 자주 제시되는 논리 관계로는 역접, 추가 설명, 원인과 결과가 있습니다.
- 빈칸 앞뒤 문장과의 논리 관계를 확인할 때, 문장들 사이의 내용 흐름을 나타내는 단서가 빈칸 앞뒤 문장 또는 선택지 문장에 반드시 제시되므로 그 단서를 찾는 데 집중합니다.

11. 명사를 수식하는 형용사

21. 형용사

토익에서 형용사는 명사 앞 또는 뒤에 위치한 빈칸에 쓰일 형용사를 고르는 유형이 90% 정도 출제됩니다. 그러므로 문장 내 다양한 위치에서 명사를 수식하는 형용사의 위치를 미리 알아 두는 것이 좋습니다.

❶ 관사(the, a, an)와 명사 사이에서 명사 수식

Please present **a valid ID card** at the entrance of the event venue.
행사장 입구에서 유효한 신분증을 제시하시기 바랍니다.

❷ 타동사와 명사 목적어 사이에서 명사 목적어 수식

We **have received various opinions** from customers regarding our services.
저희는 저희 서비스와 관련해 고객들로부터 다양한 의견을 받았습니다.

❸ 2형식 자동사/5형식 타동사 다음에서 명사 주어/명사 목적어 수식

Our new products have become <u>popular</u> since the successful marketing campaign.
우리의 신제품들은 성공적인 마케팅 캠페인 이후 큰 인기를 얻었다.

We hope that all the participants will **find the upcoming workshop <u>useful</u>**.
저희는 모든 참가자들이 다가오는 워크숍을 유용하다고 생각하시기를 바랍니다.

12. 문장삽입: 접속부사 활용하기

24. 문장삽입

문장삽입 유형에서 선택지 문장에 접속부사가 있는 경우 해당 문장을 먼저 해석하여 의미 관계를 파악합니다.

Thank you for your inquiry about our product. The CM71-B coffee maker you asked about has been replaced with a new model, the CM721-EX, which not only offers the same fine quality but also comes with a grinder. <u>Additionally, it includes a self-cleaning function for increased convenience.</u> I am enclosing a list of the stores where our products can be purchased. Thank you for your interest in our product.

저희 제품에 대해 문의 주셔서 감사합니다. 귀하께서 문의하신 CM71-B 커피메이커 제품은 신모델인 CM721-EX로 교체되었으며, 이 제품은 동일한 수준의 훌륭한 품질을 제공할 뿐만 아니라, 분쇄기가 함께 딸려 있습니다. 추가로, 향상된 편리성을 위해 자동 세척 기능도 포함합니다. 저희 제품을 구매하실 수 있는 매장의 목록을 첨부하였습니다. 저희 제품에 관심 가져주셔서 감사드립니다.

 꿀팁

앞 문장에서 커피메이커 제품의 두 가지 장점을 설명하고 있습니다. 접속부사 Additionally로 시작하는 문장을 살펴보면, 사용자의 편리성을 위해 추가된 기능에 대해 언급하고 있어 앞 문장과 유사한 정보를 추가하는 흐름으로 자연스럽게 이어지므로 해당 문장이 정답입니다.

Part 5

▲ 강의 바로보기

1. Hamran Auto Detailing Services provides complimentary interior ------- for anyone who brings their car in for repairs.

(A) cleaning
(B) cleanest
(C) cleaned
(D) clean

2. Unlike other department supervisors, Ms. Trasker would prefer to complete the monthly work schedule -------.

(A) hers
(B) her
(C) herself
(D) her own

3. Newly printed copies of the employee handbook will be ready for ------- at the staff orientation.

(A) distribute
(B) distribution
(C) distributed
(D) distributing

4. All employees at Crowder Corporation say they are ------- with the team-based office environment.

(A) satisfy
(B) satisfied
(C) satisfying
(D) satisfaction

5. ------- smoother operation, only standard-sized paper should be loaded into the fax machine.

(A) Ensure
(B) Ensures
(C) To ensure
(D) Ensured

6. The marketing team ------- us that the deadline for completing the market survey would be extended by one week.

(A) required
(B) announced
(C) informed
(D) released

7. The office intranet and access to data files ------- unavailable until tomorrow due to the maintenance work.

(A) are being
(B) were
(C) had been
(D) will be

8. All staff were informed by the company president about the merger with Vortex Entertainment, ------- is based in Los Angeles.

(A) who
(B) whose
(C) which
(D) how

9. The discounts for subscriptions of 6 months or more are ------- only to those on our newsletter mailing list.

(A) offered
(B) offering
(C) offer
(D) to offer

10. According to the data, traffic congestion on Fifth Avenue is at its worst ------- 7 A.M. and 9 A.M.

(A) among
(B) under
(C) between
(D) both

11. ------- Mr. Hartigan or Ms. Rhodes will assume the role of CFO at Manning Enterprises.

(A) Both
(B) Each
(C) Either
(D) Neither

12. We invite all job seekers to submit an application form ------- they have six months of experience in a retail environment.

(A) in case of
(B) providing for
(C) together with
(D) as long as

13. Ms. Veal was recognized for putting together an ------- presentation on how the new strategies will be implemented in the marketing department.

(A) informative
(B) informing
(C) informatively
(D) informer

14. ------- skilled and qualified temporary workers are in demand across Germany, according to Hays Temp Germany.

(A) Approximately
(B) Severely
(C) Highly
(D) Hardly

15. ------- the Gadget Bible, the Turbotron Plasma television is superior to any other product on the market.

(A) According to
(B) As soon as
(C) Concerning
(D) Even with

16. The Jeremy Awards are given ------- to Korean scientists who show exceptional dedication to their fields.

(A) annual
(B) annualize
(C) annualized
(D) annually

Part 6

Questions 17-20 refer to the following article.

Franko Manufacturing
Health & Safety Guidelines – Reporting Injuries

Franko Manufacturing employees must follow guidelines for recording injuries in the factory. Typically, small incidents and minor injuries do not need to be reported. -------, for any major accidents, it is **17.** necessary to make an entry in the incident diary.

Some staff members wrongly believe that only the production line manager has access to the incident book. -------. In fact, any worker can visit the personnel office and make an entry in the book. In **18.** serious cases, where medical treatment is required, a supervisor must make the entry. Staff members who fail to report personal injuries or accidents will be subject to a -------. **19.**

By insuring that such measures -------, we can keep track of all incidents that occur within the factory **20.** and strive to make it a safer environment in which to work.

17. (A) Therefore
(B) Even though
(C) In addition
(D) However

18. (A) The number of weekly accidents is increasing.
(B) This policy was changed years ago.
(C) The replacement of equipment is overdue.
(D) You should maintain such devices regularly.

19. (A) delay
(B) bonus
(C) fine
(D) fault

20. (A) are implemented
(B) to implement
(C) implementing
(D) have implemented

Questions 21-24 refer to the following notice.

To: All Tenants
From: Matilda Berringer
Subject: Re: Vending Machine Installation
Date: April 15

The Installation Department is ------- that we have contracted Gallardo Foods to install 20 snack food
       21.
vending machines throughout the 7-building apartment complex.

Installation will begin next week with the first machines arriving in Apartment Buildings 101 and 102.

The full installation is expected to be completed within 12 days.

-------. They even have the latest wireless technology so that you can check which product is available
22.
by using your cell phone. They will be in operation ------- all times, providing quality snack foods at
                             23.
reasonable prices.

Employees of Gallardo Foods will be on-site to install the machines and there might be some

inconvenience that ------- by their work.
      24.

DAY 04

Part 5, 6 실전 연습

21. (A) agreed
    (B) delighted
    (C) decided
    (D) discounted

23. (A) at
    (B) in
    (C) by
    (D) on

22. (A) We will be accepting suggestions for how
        to utilize the funding.
    (B) Some of our apartment buildings are
        scheduled to be remodeled next month.
    (C) Maintenance workers will be required to
        work overtime to complete the installation.
    (D) We hope that everyone is able to take
        advantage of the new machines.

24. (A) is caused
    (B) caused
    (C) causes
    (D) has caused

700+ 기출 Point

1. 헷갈리기 쉬운 명사 형태

1. 명사

아래 명사들은 다른 품사로 착각하기 쉬운 명사 형태들입니다. -ing로 끝나는 명사들은 분사로 착각하기 쉽고, -al 또는 -tive로 끝나는 명사들은 형용사로 착각하기 쉬우므로 주의해야 합니다.

accounting 회계	advertising 광고	cleaning 청소	opening 공석
approval 승인	referral 추천	removal 제거	renewal 갱신
alternative 대안	initiative 계획	objective 목표	representative 직원

2. 재귀대명사의 부사 역할

2. 대명사

재귀대명사는 주어를 강조하기 위해 사용되기도 하는데, 이때는 완전한 구조의 문장에서 부사처럼 쓰입니다. '직접, 스스로'와 같이 해석하며, 주로 주어 바로 뒤 또는 문장 맨 끝에 위치합니다.

> The CEO, Ms. Goggins, will organize the company's 10th anniversary party **herself**.
> 고긴스 대표이사님께서 직접 회사의 10주년 기념 파티를 준비하실 것이다.

3. to부정사 숙어

5. to부정사

주로 「in order to부정사」 구조로 출제되며, 이때 오답 선택지들이 전치사 또는 접속사 등이기 때문에 빈칸 뒤의 동사원형만 보고 쉽게 정답을 고를 수 있습니다.

> You should complete an online form **in order to** apply for the advertised position.
> 광고된 직책에 지원하시려면 온라인 양식을 작성하셔야 합니다.

4. 사람 목적어와 that절을 모두 필요로 하는 특수한 타동사

6. 동사

remind(상기시키다), notify(알리다), inform(알리다), assure(확신시키다) 등 내용을 전달하는 목적의 타동사는 「사람 목적어 + of + 전달 내용」 또는 「사람 목적어 + that + 전달 내용」과 같은 구조로 쓰입니다.

> We are pleased to **inform** you that your proposal has been accepted.
> 귀하의 제안이 수락되었음을 알려드리게 되어 기쁩니다.

5. 미래시제와 어울리는 시간 표현

7. 동사

tomorrow 내일	shortly 곧	until[by] the end of this + 시간명사 이번 ~까지
soon 곧	next + 시간명사 다음 ~에	

Toronto IT Association members will convene next month at the SES Toronto Conference.
토론토 IT 협회 회원들은 다음 달에 SES 토론토 컨퍼런스에서 회합할 것이다.

6. 강조 부사

14. 부사

아래 부사들은 형용사 또는 분사형 형용사를 강조하는 용도로 쓰이는 부사들입니다.

only 오직	even 심지어	highly 매우, 대단히	fully 완전히, 전적으로
quite 상당히, 꽤	well 훨씬	heavily 아주 많이, 심하게	greatly 대단히, 크게
fairly 아주, 꽤	considerably/significantly 상당히		

It is highly recommended that employees sign up for the course.
직원들이 그 강좌에 등록하는 것이 적극 권장된다.

7. 현재분사에서 차용된 전치사

15. 전치사

아래 전치사들은 현재분사의 용법이 전치사로 확장된 경우입니다.

beginning (with/on/in) ~부터 (시작해)	starting (with/on/in) ~부터 (시작해)
concerning ~와 관련해	considering ~을 고려해, 감안해
following ~ 후에	including ~을 포함해
excluding ~을 제외하고	notwithstanding ~에도 불구하고
according to ~에 따르면	owing to ~ 때문에
regarding ~와 관련해	surrounding ~주위에

A variety of events will be held this year, including the annual rock festival.
해마다 열리는 록 페스티벌을 포함해 다양한 행사들이 올해 개최될 것이다.

DAY 04

Part 5, 6 실전 연습

8. 문장삽입: 수 일치 이용

선택지에 단수를 나타내는 대명사, 지시형용사 this/that 등이 있으면 앞 문장에서 단수를 나타내는 지시 대상을 찾아서 논리 관계를 확인합니다.

In return for your donation, you will receive **a coupon** good for ten dollars off any purchase of fifty dollars or more at Sam's Warehouse. For more information about this special offer, please visit www.samswarehouse.com.

여러분의 기부에 대한 답례로, 샘의 웨어하우스에서 50달러 이상의 제품 구매 시 10달러를 할인해 드리는 쿠폰을 받으실 수 있습니다. 이 특별한 혜택에 대해 좀 더 자세히 알고 싶으시면 저희 웹사이트 www.samswarehouse.com에 방문해 주십시오.

9. 동사 자리 출제 유형 정리

문장의 동사 자리에 알맞은 동사 형태를 고르는 문제에서는 빈칸이 동사 자리임을 확인한 후, 동사의 형태인 선택지들 중에서 (1) 수 일치 (2) 태 (3) 시제를 따져 정답을 찾으면 됩니다.

❶ 주어-동사의 수 일치 문제

동사의 수 일치 여부를 확인하기 위해서는 문장의 주어를 찾는 것이 가장 중요합니다. 이후, 수 일치 여부와 상관없는 조동사나 과거시제의 유무를 확인합니다.

Happy Foods ------- radio advertisements that are memorable to potential customers.
(A) plan   **(B) plans**   (C) planning   (D) to plan

해피 푸드 사는 잠재 고객들의 기억에 남을 만한 라디오 광고를 계획한다.

❷ 동사의 태 문제

동사 자리인 빈칸 뒤에 목적어가 있으면 능동태, 전치사구 또는 부사 등이 있다면 수동태 동사를 고릅니다.

All tablet computers at Somerbay High School ------- **by a local electronics manufacturer**.
(A) were donated   (B) donated   (C) to donate   (D) donating

소머베이 고등학교의 모든 태블릿 컴퓨터는 지역 전자업체에 의해 기증되었다.

❸ 동사의 시제 문제

동사의 시제를 확인하기 위해서는 단서가 되는 시간 표현을 찾으면 됩니다.

Mr. Todd ------- the warehouse **yesterday** to check the inventory.
(A) contacts   **(B) contacted**   (C) will contact   (D) has contacted

토드 씨는 재고를 파악하기 위해 어제 창고에 연락했다.

10. that절과 결합하는 형용사

21. 형용사 어휘

토익에서는 that절과 결합하는 형용사를 선택하는 문제들이 종종 출제됩니다. 주로 감정동사의 분사 형태를 고르는 유형으로 출제되며, 이 분사들은 대부분 형용사로 굳어져 사용되고 있으므로 하나의 형용사로 기억해두는 것이 좋습니다.

excited 신난	satisfied 만족한	disappointed 실망한	pleased 기쁜
interested 흥미를 느낀	impressed 감동받은	delighted 기쁜	surprised 놀란

11. 수동태 문장

24. 동사

동사의 행위 대상, 즉 목적어를 주어로 사용하는 문장입니다. 「주어 + be p.p. + (by 행위자)」의 구조를 지니며, '~이 …되다'라고 해석합니다. 타동사 뒤에 목적어가 없다면 수동태 문장입니다.

> Please note that lunch and refreshments **will be covered** by the attendance fee.
> 점심과 다과가 참가 비용으로 충당된다는 것을 알아두시기 바랍니다.

수동태 문장은 능동태 동사의 목적어가 주어 자리로 이동한 구조이기 때문에, 목적어를 가질 수 없는 자동사는 수동태 자리에 올 수 없습니다. 아래 동사들은 토익에서 수동태 자리에 오답으로 자주 출제되는 자동사들이므로 외워두는 것이 좋습니다.

work 일하다	arrive 도착하다	rise 상승하다	last 지속되다	travel 출장 가다
respond 응답하다	agree 동의하다	reply 답장하다	stay 머무르다	

> All packages arriving after working hours should be [responded / **delivered**] to Ms. Davis.
> 업무 종료 후에 도착하는 모든 소포는 데이비스 씨에게 전달되어야 합니다.

DAY 04

Part 5, 6 실전 연습

정답 및 해설 p. 55

Part 7

▲ 강의 바로보기

Questions 1-2 refer to the following notice.

To: All employees
Subject: Re: Natasha Romanov's Big News

I am pleased to congratulate Natasha Romanov of the Sales Department for her recent achievement. Ms. Romanov set a sales record in the second quarter of this year. She was responsible for the company signing contracts worth more than two million dollars. Ms. Romanov struck agreements not only with individual clients but also with companies located in Berlin, Shanghai, and Johannesburg. Thanks to her, we now have our first clients in both the Asian and African markets. This is only Ms. Romanov's second year with the company, so we are expecting even bigger and better things from her in the future.

There will be a reception in honor of Ms. Romanov in the large conference room this afternoon at 4:30. Please take the time to attend the reception and to congratulate Ms. Romanov on her achievement.

Jacob Sellers
President
WTR Consulting

1. What is the purpose of the notice?

   (A) To encourage the employees to work harder
   (B) To congratulate an employee on her accomplishments
   (C) To invite the employees to an orientation event
   (D) To introduce the company's newest employee

2. What is indicated about Ms. Romanov?

   (A) She is fluent in the Chinese language.
   (B) She is hosting a reception for Mr. Sellers.
   (C) She is going to be promoted soon.
   (D) She made more sales than any other worker.

Questions 3-5 refer to the following online chat discussion.

Grant [10:35 A.M.]

Hey, Olivia… The top floor of our headquarters will be closed all of next week while the remodeling work is underway. That means we'll need to find a new workspace for the marketing department staff.

Olivia [10:37 A.M.]

Yes, I know. At least half of the marketing team will be in London next week for a skills development workshop, so we only need to find a new temporary space for the remaining staff.

Grant [10:39 A.M.]

Oh, that's right. So, there'll only be about ten department members here next week?

Olivia [10:40 A.M.]

Exactly. So, I was thinking we could fit them in with the graphic design team on the third floor. The last time I checked, there were several empty desks there.

Grant [10:42 A.M.]

Things have changed. They have recently recruited a lot of new workers.

Olivia [10:45 A.M.]

Hmm… in that case, I'll see if we can set up some temporary workstations in Meeting Room 3. It isn't being used that much these days.

---

3. What is indicated about the business?

(A) It has moved to a new headquarters.
(B) It has scheduled some renovations.
(C) It recently hired more marketing staff.
(D) It will be closed for one week.

4. What did Olivia mention about some marketing department workers?

(A) They often collaborate with graphic designers.
(B) They requested new work equipment.
(C) They are based at a London branch.
(D) They will attend a training event.

5. At 10:42 A.M., what does Grant mean when he writes, "Things have changed"?

(A) He recommends that some work be postponed.
(B) He doubts there are enough workspaces available.
(C) He thinks the marketing team should remain on the top floor.
(D) He believes some new desks have been ordered.

700+ 기출 Point

1. 유추

유추 유형은 지문에 제시된 정보를 근거로 삼아 명확히 제시되지 않은 내용을 이끌어내야 하는 추론 유형입니다. 지문에 언급되지 않은 내용이 제시되기 때문에 문제풀이 시간이 더 많이 소요됩니다.

❶ 유추 문제 주의사항

- 지문의 내용을 토대로 유추의 과정을 거친 내용이 선택지로 제시되기 때문에 지문의 내용을 그대로 선택지에서 찾아 정답을 고르기 어렵습니다.
- 선택지를 먼저 분석해 놓으면 지문 전체를 다 해석하지 않아도 선별적으로 지문을 읽고 정답 여부를 확인할 수 있습니다.

Last week, we conducted a survey of 1,000 customers who visited Marvin's Department Store. I would like to share the result of one question with you: What is your opinion of the items sold at Marvin's Department Store? A large number of responses had some variation of "**too expensive**". Numerous others read "poor quality." As a result, management is going to **do a complete inventory** of every item sold here. If an item does not meet our **high-quality standards** or is overly expensive, we **will no longer stock it**.

Q. What will most likely be done based on the results of the survey?
(A) The prices of some items will be increased.
(B) New vendors of various products will be sought.
(C) **Some items will no longer be sold at the store.**
(D) Managers will ask some customers more questions.

지난주, 저희는 마빈스 백화점을 찾은 고객 1,000명을 대상으로 설문조사를 실시했습니다. 저는 그 중 한 가지 질문에 대한 결과를 여러분과 공유하려고 합니다: 마빈스 백화점에서 판매되는 상품에 대한 귀하의 의견은 무엇입니까? 많은 응답자들이 "너무 비싸다"는 의견을 내셨습니다. 또 많은 분들이 "질이 떨어진다"고 답변하셨습니다. 따라서, 경영진은 이곳에서 판매되는 모든 제품에 대한 재고 조사를 할 것입니다. 그리고 만약 상품이 우리의 고품질 기준에 적합하지 않거나 지나치게 비쌀 경우에는 더 이상 입고하지 않겠습니다.

Q. 설문조사의 결과를 바탕으로 곧 취해질 조치는?
(A) 몇몇 상품의 가격이 인상될 것이다.   (B) 다양한 제품을 판매할 판매상을 찾을 것이다.
(C) 몇몇 상품들은 더 이상 백화점에서 판매되지 않을 것이다.   (D) 관리자들이 고객들에게 추가로 질문을 할 것이다.

 꿀팁

앞으로 발생할 일은 대체로 지문 마지막에 언급됩니다. 지문 마지막에 색으로 표시된 문장에서 특정 제품을 더 이상 들여놓지 않겠다고 하는데, 이는 곧 판매를 하지 않겠다는 의미이므로 (C)가 정답입니다.

2. 표현의도 파악하기

5. 표현의도

문자 메시지 지문 또는 채팅 지문에서 한 메시지 작성자가 쓴 특정 문장을 문제에서 제시한 후, 그 문장이 어떤 의도로 쓰였는지 알아내는 유형입니다.

❶ 표현의도 파악하기 문제 주의사항

- 문제를 읽으면서 제시된 문장을 확인한 후, 해당 문장이 지니는 기본적인 의미를 그대로 말한 선택지를 고르지 않도록 주의합니다.
- 제시된 문장 앞뒤에 위치한 문장을 통해 제시된 문장의 숨은 의도를 알아내는 것이 핵심이므로 반드시 문맥을 파악하는 데 집중합니다.
- 제시된 문장과 멀리 떨어진 문장을 읽고 의도를 파악해야 하는 문제도 종종 있으므로, 제시된 문장 바로 앞 또는 뒤에 위치한 문장으로 의도를 파악하기 어렵다면, 그보다 더 앞에 위치한 문장을 읽어보아야 합니다.

Emma Yates [9:18 A.M.] Kevin, our schedule on the Web site is empty.

Kevin Post [9:21 A.M.] That can't be right. Is our weekly department meeting on the schedule?

Emma Yates [9:22 A.M.] I don't see it. **Do you think today's schedule was deleted?**

Kevin Post [9:25 A.M.] **I'm afraid so.**

Emma Yates [9:28 A.M.] Well, I hope you still write everything in your planner.

Q. At 9:28 A.M., what does Ms. Yates most likely mean when she writes, "Well, I hope you still write everything in your planner"?

(A) She recommends changing to a different method.

(B) She needs help planning a meeting.

(C) She would like to check her own notes.

(D) She wants to restore some information.

엠마 예이츠 [오전 9:18] 케빈 씨, 웹사이트상의 우리 일정표가 비어 있네요.

케빈 포스트 [오전 9:21] 그럴 리가 없는데요. 우리 주간 부서 회의가 일정표에 있나요?

엠마 예이츠 [오전 9:22] 보이지 않아요. 오늘 일정표가 삭제된 거라고 생각하세요?

케빈 포스트 [오전 9:25] 그런 것 같아요.

엠마 예이츠 [오전 9:28] 당신이 여전히 수첩에 모든 것을 기록하고 있기를 바라요.

Q. 오전 9시 28분에, 예이츠 씨가 "당신이 여전히 수첩에 모든 것을 기록하고 있기를 바라요"라고 쓴 의도는 무엇인가?

(A) 다른 방법으로 변경하는 것을 권하고 있다.

(B) 회의를 기획하는 데 도움이 필요하다.

(C) 자신의 메모를 확인하고 싶어한다.

(D) 어떤 정보를 되찾고 싶어한다.

🐝꿀팁

웹사이트의 일정표가 삭제된 것 같다고 들은 상황에서 상대방이 모든 것을 수첩에 기록하고 있기를 바란다는 말은 그 정보를 참조하고 싶다는 뜻이므로 (D)가 정답입니다.

Week **23**
정답 및 해설

Day 01 Part 1, 2 실전 연습

Part 1

1. (C)   **2.** (A)   **3.** (D)   **4.** (A)   **5.** (A)

6. (B)

1.

(A) The woman is mowing the lawn.

(B) A man is trimming the bushes.

(C) Some leaves have been raked into a pile.

(D) Some trees are being cut down.

(A) 여자가 잔디를 깎고 있다.

(B) 남자가 관목을 다듬고 있다.

(C) 일부 나뭇잎들이 갈퀴로 긁어 모아 쌓여 있다.

(D) 일부 나무들이 잘려 넘어지고 있다.

정답 (C)

해설 (A) 잔디를 깎는 모습이 아니므로 오답.

(B) 관목을 다듬는 모습이 아니므로 오답.

(C) 남자가 낙엽을 긁어 모으고 있고 낙엽이 한쪽에 쌓여 있으므로 정답.

(D) 나무를 자르는 모습이 아니므로 오답.

어휘 **mow the lawn** 잔디를 깎다 **trim** ~을 잘라 내어 다듬다 **bush** 관목 **rake A into a pile**: 갈퀴로 A를 긁어 모아 한 더미로 쌓다 **cut down** ~을 잘라 넘어 뜨리다

2.

(A) The audience is listening to a presenter.

(B) There is a podium on a stage.

(C) A man is adjusting some equipment.

(D) A man is distributing some handouts.

(A) 청중이 발표자의 말을 듣고 있다.

(B) 무대에 연단이 있다.

(C) 한 남자가 기구를 조절하고 있다.

(D) 한 남자가 몇몇 유인물을 나눠주고 있다.

정답 (A)

해설 (A) 청중이 연설하는 발표자의 말을 듣고 있는 모습을 묘사하고 있으므로 정답.

(B) 연단(podium)으로 보이는 것을 사진 속에서 찾아볼 수 없으므로 오답.

(C) 기구를 조절하고 있는 사람은 볼 수 없으므로 오답.

(D) 남자가 유인물을 나눠주는(is distributing) 동작은 하고 있지 않으므로 오답.

어휘 **audience** 청중, 관객 **listen to** ~의 말을 듣다 **presenter** 발표자 **podium** 연단 **adjust** ~을 조절하다 **equipment** 기구 **distribute** ~을 나눠주다 **handout** 유인물

3.

(A) Some curtains are being installed.

(B) Vegetables are being washed in a sink.

(C) Potted plants have been placed in front of the

window.

(D) The containers have been filled with food.

(A) 커튼이 설치되고 있다.
(B) 야채가 싱크대에서 씻겨지고 있다.
(C) 화분에 담긴 식물이 창문 앞에 놓여져 있다.
(D) 용기들에 음식이 가득 차 있다.

정답 (D)

해설 (A) 커튼은 이미 설치되어 있고, 설치되는 모습이 아니므로 오답.
(B) 야채를 씻는 모습은 보이지 않으므로 오답.
(C) 창문 앞에 화분이 놓여 있지 않으므로 오답.
(D) 많은 용기들에 음식이 가득 차 있는 모습이므로 정답.

어휘 install ~을 설치하다 vegetable 야채, 채소 wash ~을 씻다 sink 싱크대 potted plant 화분에 담긴 식물 place ~을 놓다, 두다 in front of ~의 앞에 container 그릇, 용기 be filled with ~로 가득 차다

4.

(A) Awnings have been stretched above the display.
(B) Some people are displaying books on the shelves.
(C) People are relaxing at an outdoor patio.
(D) Boxes of books are being loaded onto a cart.

(A) 차양이 전시물 위로 펼쳐져 있다.
(B) 몇몇 사람들이 선반에 책을 진열하는 중이다.
(C) 사람들이 야외 테라스에서 휴식하고 있다.
(D) 책을 담은 상자들이 카트에 실리는 중이다.

정답 (A)

해설 (A) 진열된 책 위로 차양이 펼쳐져 있는 모습을 묘사하고 있으므로 정답.

(B) 사진 속에서 책을 진열하는(are displaying) 동작을 하는 사람을 찾아볼 수 없으므로 오답.
(C) 사람들이 휴식을 취하는 것이 아니라 물품을 살펴보고 있으므로 오답.
(D) 책들을 카트에 싣는 동작을 하는(are being loaded) 사람을 찾아볼 수 없으므로 오답.

어휘 awning 차양, 가리개 stretch ~을 펼치다 above (분리된 위치) ~ 위에 display v. ~을 진열하다, 전시하다 n. 진열, 전시(물) relax 휴식하다 outdoor 야외의 patio 테라스 load A onto B: A를 B에 싣다

5.

(A) She's weighing some items on a scale.
(B) She's setting up a product display.
(C) She's arranging products on a shelf.
(D) She's packing merchandise into bags.

(A) 여자가 몇몇 물건을 저울에 재고 있다.
(B) 여자가 제품 진열대를 설치하고 있다.
(C) 여자가 선반 위에 제품들을 정리하고 있다.
(D) 여자가 상품을 가방들에 담아 포장하고 있다.

정답 (A)

해설 (A) 과일을 저울에 달아보는 모습이므로 정답.
(B) 진열대 앞에 서 있을 뿐 설치하는 중이 아니므로 오답.
(C) 물건을 정리하고 있지 않으므로 오답.
(D) 가방을 메고 있을 뿐 상품을 가방에 넣고 있지 않으므로 오답.

어휘 weigh ~의 무게를 재다 scale 저울 set up ~을 설치하다 product display 제품 진열 arrange ~을 정리하다 pack (짐을) 싸다, 챙기다 merchandise 상품

6.

(A) The man is holding onto a railing.

(B) The man is descending some stairs.

(C) There's a door beneath the staircase.

(D) A stone structure is being constructed.

(A) 남자가 난간을 붙잡고 있다.

(B) 남자가 계단을 내려가고 있다.

(C) 계단 밑에 문이 하나 있다.

(D) 석조 구조물이 지어지고 있다.

정답 (B)

해설 (A) 남자가 난간을 붙잡은 자세를 취하고 있지 않으므로 오답.

　　(B) 남자가 계단을 내려가는 동작을 하고 있으므로 정답.

　　(C) 계단 밑에 문이 위치해 있지 않으므로 오답.

　　(D) 석조 구조물이 지어지는 것이 아니라 이미 지어진 상태이 므로 오답.

어휘 hold onto ~을 붙잡다 railing 난간 descend ~을 내려가다, 내려오다 beneath ~ 밑에, 아래에 staircase 계단 structure 구조물 construct ~을 짓다, 건설하다

Part 2

7. (B)	**8.** (B)	**9.** (C)	**10.** (C)	**11.** (A)
12. (A)	**13.** (A)	**14.** (C)	**15.** (A)	**16.** (A)
17. (B)	**18.** (B)	**19.** (C)	**20.** (A)	**21.** (C)
22. (C)	**23.** (A)	**24.** (B)	**25.** (C)	**26.** (B)

7. Could you make me a copy of this sales report?

(A) It hasn't been reported yet.

(B) I'm afraid the copy machine is out of order.

(C) Ok, you can contact him by e-mail.

이 매출 보고서의 사본을 만들어 주시겠어요?

(A) 그건 아직 보고되지 않았습니다.

(B) 복사기가 고장 난 것 같습니다.

(C) 좋아요, 그에게 이메일로 연락하시면 됩니다.

정답 (B)

해설 (A) 질문에 포함된 report의 다른 의미(보고하다)를 활용해 혼동을 유발하는 답변으로, 상대방의 요청에 대한 반응으로 어울리지 않는 오답.

　　(B) 복사기가 고장 났다는 말로 상대방의 요청을 들어줄 수 없 다는 뜻을 나타내는 답변이므로 정답.

　　(C) 수락을 나타내는 Ok로 답변이 시작되고 있지만 Ok 뒤에 상대방의 요청과 관련 없는 말이 이어지고 있으므로 오답.

어휘 make A B: A에게 B를 만들어 주다 copy 사본, 한 부, 한 장 sales 매출, 영업, 판매(량) I'm afraid (that) (부정적인 일에 대해) ~한 것 같아요 out of order 고장 난 contact ~에게 연락하다

8. Would you like to come to the cooking demonstration?

(A) In the shopping mall.

(B) Who else is attending?

(C) Every Monday.

요리 시연회에 오시겠어요?

(A) 쇼핑몰에서요.

(B) 그 밖에 누가 또 참석하나요?

(C) 매주 월요일이요.

정답 (B)

해설 (A) 장소 전치사구이므로 상대방의 제안에 대한 반응으로 어 울리지 않는 오답.

　　(B) 시연회 행사 참석 여부를 결정하기 위한 일종의 조건으로 서 누가 참석하는지 먼저 확인하기 위해 되묻는 질문이므 로 정답.

　　(C) 반복 주기를 나타내는 말이므로 상대방의 제안에 대한 반 응으로 어울리지 않는 오답.

어휘 Would you like to do? ~하시겠어요? demonstration 시연(회) Who else ~? 그 밖에 누가 ~? attend 참석하다

9. Would you rather book a room downtown or near the beach?

(A) How about at noon?

(B) Yes, I have one.

(C) Either is fine.

시내에 있는 방을 예약하시겠어요, 아니면 해변 근처에 있는 것으로 하시겠어요?

(A) 정오는 어떠세요?

(B) 네, 하나 있습니다.

(C) 둘 중 어느 것이든 좋습니다.

정답 (C)

해설 (A) 방의 위치가 아닌 시점과 관련해 되묻는 답변으로 질문에 어울리지 않는 오답.

(B) 선택 의문문에 어울리지 않는 Yes로 답변하는 오답. 선택 의문문에 Yes/No로 답변하는 선택지는 일부 소수의 경우를 제외하고 거의 오답이다.

(C) 둘 중 어느 것이든 좋다는 말로 둘 중 어느 것이 선택되어도 좋다는 뜻을 나타내는 말이므로 정답. 선택 의문문에서 either를 이용해 '둘 중 어느 것이든 좋다'라는 의미를 나타내는 답변은 정답일 확률이 높다.

어휘 **Would you rather ~?** ~하시겠어요? **book** v. ~을 예약하다 **downtown** ad. 시내에 **near** ~ 근처에 **How about ~?** ~는 어때요? **noon** 정오 **either** 둘 중 어느 것이든

10. Do we have enough printing paper, or should we order more?

(A) I prefer the colored copy.

(B) That's a good deal.

(C) I'll check the storage room.

우리가 인쇄 용지를 충분히 갖고 있나요, 아니면 더 주문해야 하나요?

(A) 저는 칼라 복사를 선호합니다.

(B) 좋은 거래네요.

(C) 보관실을 확인해 볼게요.

정답 (C)

해설 (A) 복사와 관련해 답변자 자신의 선호 사항을 말하는 답변이므로 용지 보유량과 관련 없는 오답.

(B) 좋은 거래라고 말하는 That이 지칭하는 대상을 알 수 없

고, 용지 보유량과도 관련 없는 오답.

(C) 둘 중 하나를 선택하기 위한 조건으로서 용지 보유량을 확인할 수 있는 방법을 언급하는 답변이므로 정답.

어휘 **order** ~을 주문하다 **prefer** ~을 선호하다 **deal** 거래 (조건), 거래 상품 **storage** 보관, 저장

11. Would you mind if I opened the window?

(A) No, I don't mind.

(B) It's a nice view.

(C) The bakery closes at 9.

창문을 좀 열어도 괜찮을까요?

(A) 그럼요, 괜찮습니다.

(B) 경관이 아주 좋네요.

(C) 그 제과점은 9시에 닫습니다.

정답 (A)

해설 (A) mind(~을 꺼려하다)가 포함된 제안/요청 질문에 대해 No라고 답하는 것은 그렇게 해도 좋다는 긍정의 답변이므로 정답.

(B) 질문에 포함된 window와 연관성 있게 들리는 view를 활용해 혼동을 유발하는 답변으로, 상대방의 제안에 대한 반응으로 어울리지 않는 오답.

(C) 질문에 포함된 opened와 연관성 있게 들리는 closes를 활용해 혼동을 유발하는 답변으로, 상대방의 제안에 대한 반응으로 어울리지 않는 오답.

어휘 **Would you mind if I ~?** 제가 ~해도 괜찮을까요? **I don't mind** (mind로 묻는 질문에 대해) 괜찮습니다, 상관없습니다 **view** 경관, 전망

12. Are you going anywhere over the weekend or are you staying home?

(A) I'm going camping.

(B) We'll stay a little longer.

(C) Isn't it too boring?

주말 동안 어디라도 가시나요, 아니면 댁에 계시나요?

(A) 캠핑하러 갑니다.

(B) 우리는 조금 더 머무를 거예요.

(C) 너무 지루하지 않나요?

정답 (A)

(A) 캠핑하러 간다는 말로 어딘가로 간다는 뜻을 나타내는 답변이므로 정답.

(B) 질문에 포함된 stay를 반복 사용해 혼동을 유발하는 답변으로, 주말 일정에 대한 선택과 관련 없는 추가 숙박 기간에 해당되는 말이므로 오답.

(C) 주말 일정에 대한 답변자 자신의 선택과 관련 없는 오답.

어휘 **anywhere** 어디든지 **over** ~ 동안에 걸쳐 **a little** 조금, 약간 **boring** 지루하게 만드는

---

13. Would you like a paper or a plastic bag for your purchases?

(A) **Neither, actually.**

(B) Extra bread, please.

(C) I wrote it on the paper.

구입 제품에 대해 종이 봉지가 좋으세요, 아니면 비닐 봉지가 좋으세요?

(A) **사실, 둘 다 필요 없습니다.**

(B) 빵 좀 추가해 주세요.

(C) 제가 그걸 종이에 써놨어요.

정답 (A)

해설 (A) 두 가지 선택 대상을 모두 부정하는 Neither와 함께 둘 다 필요치 않다는 뜻을 나타내는 답변이므로 정답.

(B) 봉지 선택과 관련 없는 빵 추가를 요청하는 말이므로 오답.

(C) 질문에 포함된 paper를 반복 사용해 혼동을 유발하는 답변으로, 봉지 선택과 관련 없는 말이므로 오답.

어휘 **Would you like A or B?** A가 좋으세요, 아니면 B가 좋으세요? **purchase** 구매(품) **neither** 둘 다 아니다 **actually** 실은, 사실은 **extra** 추가의, 여분의

---

14. Could you help me set up these tables on the first floor?

(A) Perhaps we can hold it indoors.

(B) At the back of the building.

(C) **Sure, just give me a moment.**

이 탁자들을 1층에 설치할 수 있게 도와 주시겠어요?

(A) 아마 우리가 그걸 실내에서 개최할 수 있을 겁니다.

(B) 건물 뒤편에서요.

(C) 그럼요, 잠깐만 시간을 주세요.

정답 (C)

해설 (A) 개최 가능성이 있는 장소를 말하는 답변으로, 상대방의 요청에 대한 반응으로 어울리지 않는 오답.

(B) 위치 전치사구이므로 상대방의 요청에 대한 반응으로 어울리지 않는 오답.

(C) 수락을 나타내는 Sure와 함께 잠깐 시간을 달라는 말로 잠시 후에 도울 수 있다고 알리는 답변이므로 정답.

어휘 **help A do:** A가 ~하는 것을 돕다 **set up** ~을 설치하다 **perhaps** 아마 **hold** ~을 개최하다, 열다 **indoors** 실내에서 **at the back of** ~ 뒤편에 **give A a moment:** A에게 잠깐 시간을 주다

---

15. Would you prefer a room with a balcony or one without?

(A) **I have no preference.**

(B) To see the river view.

(C) I appreciate it.

발코니가 있는 방이 좋으세요, 아니면 없는 것이 좋으세요?

(A) **따로 선호하는 건 없습니다.**

(B) 강 풍경을 보기 위해서요.

(C) 그것에 대해 감사드립니다.

정답 (A)

해설 (A) 따로 선호하는 것이 없다는 말은 둘 중 어느 것이 선택되어도 상관없다는 의미를 나타내는 답변이므로 정답.

(B) 특정한 방을 선택한 경우에 그에 대한 이유로 언급할 수 있는 말이므로 질문과 관련 없는 오답

(C) 감사 인사이므로 객실 선택과 관련 없는 오답.

어휘 **Would you prefer ~?** ~가 좋으세요?, ~로 하시겠어요? **without** ~ 없이, ~ 없는 **preference** 선호하는 것 **view** 풍경, 경관 **appreciate** ~에 대해 감사하다

---

16. Do you want to pick up the books or would you rather have them delivered?

(A) **I'll stop by your store after 6 P.M.**

(B) I just need four copies.

(C) Yes, she arrived last night.

책들을 직접 가져가시겠어요, 아니면 배송 받고 싶으신가요?

(A) 오후 6시 이후에 당신의 매장에 들를게요.

(B) 저는 4권만 필요합니다.

(C) 네, 그분께서 어젯밤에 도착하셨어요.

정답 (A)

해설 (A) 매장에 들르겠다는 말로 직접 가져가겠다는 뜻을 나타내는 답변이므로 정답.

(B) 책 수령 방식이 아닌 필요 수량을 말하는 답변이므로 질문과 관련 없는 오답.

(C) 어느 한쪽의 선택 대상에 대한 긍정을 나타내는 Yes로 답변이 시작되고 있지만, Yes 뒤에 이어지는 말은 책 수령 방식과 관련 없는 말이므로 오답.

어휘 **pick up** ~을 가져가다 **would you rather ~?** ~하시겠어요? **have A p.p.:** A가 ~되게 하다 **stop by** ~에 들르다 **copy** 한 권, 한 부, 한 장 **arrive** 도착하다

17. Would you like to join us for a coffee after work?

(A) No, I didn't receive a memo.

(B) Sure, that would be lovely.

(C) It starts in August.

퇴근 후에 저희와 함께 커피 한잔 하시겠어요?

(A) 아뇨, 저는 회람을 받지 못했어요.

(B) 그럼요, 아주 좋을 것 같아요.

(C) 그건 8월에 시작됩니다.

정답 (B)

해설 (A) 거절을 나타내는 No 뒤에 이어지는 말이 함께 커피를 마시는 일과 관련 없는 오답.

(B) 수락을 나타내는 Sure와 함께 상대방과 커피를 마시는 일을 that으로 지칭해 좋을 것 같다고 덧붙이는 답변이므로 정답.

(C) 질문에 포함된 work와 연관성 있게 들리는 작업 시작 시점을 말하는 답변으로, 상대방의 제안에 대한 반응으로 어울리지 않는 말이므로 오답.

어휘 **Would you like to do?** ~하시겠어요? **join** ~와 함께하다, 합류하다 **receive** ~을 받다 **lovely** 아주 좋은, 아주 기쁜

18. Would you prefer to meet at lunch time, or another time?

(A) I'd prefer chicken.

(B) Whenever is convenient for you.

(C) It was delicious, thank you.

점심 시간에 만나는 게 좋으세요, 아니면 다른 시간이 좋으세요?

(A) 저는 닭고기로 할게요.

(B) 언제든 당신에게 편리한 때로요.

(C) 맛있었어요, 고맙습니다.

정답 (B)

해설 (A) 질문에 포함된 lunch와 연관성 있게 들리는 chicken을 활용해 혼동을 유발하는 답변으로, 만나는 시점과 관련 없는 오답.

(B) '언제든 상대방에게 편리한 때'라는 말은 상대방에게 선택권을 주겠다는 뜻이며, 어느 것이 선택되어도 상관없다는 의미이므로 정답.

(C) 질문에 포함된 lunch와 연관성 있게 들리는 delicious를 활용해 혼동을 유발하는 답변으로, 만나는 시점과 관련 없는 오답.

어휘 **Would you prefer to do?** ~하시겠어요? **I'd prefer** ~로 할게요, ~가 좋을 것 같아요 **whenever** ~하는 때면 언제든지 **convenient** 편리한

19. When will the new software be installed?

(A) On the 3rd floor.

(B) The number for Technical Assistance.

(C) Not until this Friday.

언제 새 소프트웨어가 설치될 건가요?

(A) 3층에서요.

(B) 기술지원 팀 번호예요.

(C) 이번 주 금요일이나 되어야 합니다.

정답 (C)

해설 (A) 위치 표현으로서 Where 의문문에 어울리는 답변이므로 오답.

(B) 미래 시점을 묻는 질문에 엉뚱하게 software에서 연상되는 기술 지원팀 번호를 언급하는 오답.

(C) When에 어울리는 특정 미래 시점으로 답변하고 있으므로 정답.

어휘 install ~을 설치하다 Not until + 시점: ~나 되어야 하다

20. Where can I see tomorrow's schedule of events?

(A) **It's posted on our Web site.**

(B) Probably around 5 P.M.

(C) I saw it yesterday.

어디에서 제가 행사의 내일 일정표를 볼 수 있나요?

(A) **우리 웹 사이트에 게시되어 있어요.**

(B) 아마 오후 5시쯤일 거예요.

(C) 저는 어제 그것을 봤어요.

정답 (A)

해설 (A) Where에 어울리는 정보 확인 위치로 답변하고 있으므로 정답.

(B) When에 어울리는 시점 표현으로 답변하고 있으므로 오답.

(C) 정보 확인 위치가 아닌 과거 시점에 본 사실을 말하는 답변이므로 오답.

어휘 post v. ~을 게시하다 probably 아마 around ~쯤, 약, 대략

21. Who did Chloe have lunch with?

(A) During lunchtime.

(B) Next Sunday.

(C) **Someone from the marketing team.**

누가 클로이 씨와 함께 점심 식사를 했나요?

(A) 점심 시간 중에요.

(B) 다음 주 일요일이요.

(C) **마케팅 팀에 소속된 분이요.**

정답 (C)

해설 (A) When에 어울리는 특정 기간 표현으로 답변하고 있으므로 오답.

(B) When에 어울리는 시점 표현으로 답변하고 있으므로 오답.

(C) Who에 어울리는 특정 부서에 소속된 사람을 언급하고 있으므로 정답.

어휘 during ~ 중에, ~ 동안

22. When will you decide on the date for the banquet?

(A) The annual staff party.

(B) A little more color.

(C) **I picked one already.**

언제 연회 날짜를 결정하실 건가요?

(A) 연례 직원 회식입니다.

(B) 색을 좀 더 많이요.

(C) **이미 하루를 선택했어요.**

정답 (C)

해설 (A) 연회 날짜 결정 시점이 아닌 연회 목적을 말하는 답변이므로 오답.

(B) 연회 날짜 결정 시점이 아닌 색 추가를 요청하는 말이므로 오답.

(C) 질문에 포함된 date를 대신하는 one과 함께 이미 하루를 결정했다는 의미이므로 정답.

어휘 decide on ~을 결정하다 annual 연례적인, 해마다의 pick ~을 선택하다, 정하다

23. Who can I talk to about signing up for a workshop?

(A) **You can do it online.**

(B) Yes, Ms. Kim found it very informative.

(C) To learn computer skills.

워크숍에 등록하는 일과 관련해서 누구와 얘기할 수 있나요?

(A) **온라인으로 하실 수 있어요.**

(B) 네, 김 씨는 매우 유익했다고 생각하셨어요.

(C) 컴퓨터 활용 능력을 배우기 위해서요.

정답 (A)

해설 (A) 누군가와 얘기하는 것 대신 워크숍에 등록하는 다른 방법을 알려주는 답변이므로 정답.

(B) 의문사 의문문에 어울리지 않는 Yes로 답변하는 오답. 의문사 의문문에 대해 Yes/No로 시작되는 답변은 바로 오답 소거해야 한다.

(C) 얘기를 나눌 대상이 아닌 워크숍 개최 목적을 말하는 답변이므로 오답.

어휘 sign up for ~에 등록하다, ~을 신청하다 find A 형용사: A가 ~하다고 생각하다 informative 유익한 skill 능력, 기술

24. Do you want to bring the laptop or the tablet computer?

(A) It's on top of the shelf.

(B) The tablet's easier to carry.

(C) It's 500 dollars.

노트북 컴퓨터를 가져오고 싶으세요, 아니면 태블릿 컴퓨터를 가져오고 싶으세요?

(A) 선반 맨 위에 있습니다.

(B) 태블릿이 휴대하기 더 쉽습니다.

(C) 500달러입니다.

정답 (B)

해설 (A) 가져올 컴퓨터 종류 선택과 관련 없는 위치 정보를 언급하는 답변이므로 오답.

(B) 태블릿이 휴대하기 더 쉽다는 말로 태블릿을 선택하는 답변이므로 정답.

(C) 가져올 컴퓨터 종류 선택과 관련 없는 비용 정보를 말하는 답변이므로 오답.

어휘 **on top of** ~ 맨 위에, 꼭대기에 **carry** ~을 휴대하다, 나르다

25. Can you fix the lighting, or should we call an electrician?

(A) He already faxed me.

(B) It gets dark around five.

(C) I think I can do it.

조명을 수리하실 수 있으세요, 아니면 우리가 전기 기사를 불러야 하나요?

(A) 그가 이미 저에게 팩스를 보냈어요.

(B) 5시쯤에 어두워집니다.

(C) 제가 할 수 있을 것 같아요.

정답 (C)

해설 (A) 질문에 포함된 fix와 발음이 유사한 fax를 활용해 혼동을 유발하는 답변으로, 조명 수리와 관련된 방법이 아니므로 오답.

(B) 질문에 포함된 lighting과 연관성 있게 들리는 gets dark를 활용해 혼동을 유발하는 답변으로, 조명 수리와 관련된 방법이 아니므로 오답.

(C) 답변자 자신이 할 수 있다는 말로 직접 조명을 수리하는 일을 선택하는 답변이므로 정답.

어휘 **fix** ~을 수리하다, 고치다 **electrician** 전기 기사 **fax** v. ~에게 팩스를 보내다 **get + 형용사:** ~한 상태가 되다 **around** ~쯤, 약, 대략

26. Would you like to receive notifications by mail or e-mail?

(A) There's a note on your desk.

(B) Could you call me instead?

(C) It comes around noon every day.

알림을 우편으로 받아보고 싶으신가요, 아니면 이메일로 받고 싶으신가요?

(A) 당신의 책상에 메모가 있어요.

(B) 대신 저에게 전화해 주시겠어요?

(C) 매일 정오쯤에 옵니다.

정답 (B)

해설 (A) 제시된 선택 사항과 전혀 관련 없는 내용으로 오답.

(B) 질문에 언급된 두 가지 선택 대상이 아닌 제3의 연락 방법을 제안하는 말이므로 정답.

(C) 질문의 notifications에서 연상 가능한 알림이 오는 때를 말하는 오답.

어휘 **Would you like to do?** ~하시겠어요? **receive** ~을 받다 **notification** 통지(서) **instead** 대신 **around** 대략, 약

Day 02 Part 3, 4 실전 연습

Part 3

1. (A)	2. (C)	3. (C)	4. (B)	5. (A)
6. (C)	7. (C)	8. (D)	9. (A)	

Questions 1-3 refer to the following conversation.

W: Good afternoon, Terry. **1** I'm calling about the report you are writing. You've been adding up the sales of all our products, right?

M: Yes, that's right. But, **2** some figures from our Chicago branch haven't been sent yet. As a result, I think the report might be delayed by a couple of days.

W: That's not a problem. But **3** I'd appreciate it if you could e-mail the document to me as soon as it's finished. I'll need it for next week's management meeting.

M: Sure. **3** I'll get it to you by Tuesday at the latest.

여: 안녕하세요, 테리 씨. 당신이 작성 중인 보고서와 관련해서 전화 드립니다. 모든 우리 제품의 매출액을 더해 오고 계셨죠, 그렇죠?

남: 네, 맞습니다. 하지만, 우리 시카고 지사로부터 아직 몇몇 수치를 받지 못했어요. 결과적으로, 보고서가 며칠 지연될 수도 있을 것 같아요.

여: 그건 괜찮습니다. 하지만 끝마치시는 대로 저에게 이메일로 그 문서를 보내주실 수 있다면 감사하겠습니다. 다음 주에 있을 경영진 회의에 필요합니다.

남: 물론입니다. 늦어도 화요일까지는 보내 드리겠습니다.

어휘 **add up** ~을 더하다, 추가하다 **sales** 매출(액), 판매(량), 매출 **figure** 수치, 숫자 **as a result** 결과적으로 **delay** ~을 지연시키다, 지체하다 **by** (차이) ~만큼, (기한) ~까지 **I'd appreciate it if you could ~**: ~해 주실 수 있다면 감사하겠습니다 **as soon as** ~하는 대로, ~하자마자 **get A to B**: A를 B에게 주다 **at the latest** 늦어도

---

1. 화자들은 주로 무엇을 이야기하고 있는가?
   (A) 매출 보고서
   (B) 제품 출시
   (C) 매장 개장
   (D) 교육 시간

정답 (A)

해설 여자가 대화 초반부에 상대방이 작성 중인 보고서를 언급하면서 매출액을 더하는 일을 해오고 있었던 게 맞는지(I'm calling about the report you are writing. You've been adding up the sales of all our products ~) 물은 뒤로 그 보고서 작성과 관련된 내용으로 대화가 진행되고 있다. 따라서 매출 보고서가 대화 주제임을 알 수 있으므로 (A)가 정답이다.

어휘 **launch** 출시, 공개 **training** 교육 **session** (특정 활동을 위한) 시간

2. 남자는 무슨 문제점을 언급하는가?
   (A) 일부 직원들이 지각을 한다.
   (B) 회의가 연기되었다.
   (C) 일부 정보가 보내지지 않았다.
   (D) 제품이 저조하게 판매되었다.

정답 (C)

해설 남자가 언급하는 문제점을 묻고 있으므로 남자의 말에서 부정적인 내용을 찾아야 한다. 대화 중반부에 남자가 시카고 지사로부터 아직 수치를 받지 못한 사실을(~ some figures from our Chicago branch haven't been sent yet) 알리고 있는데, 이는 정보가 보내지지 않은 것에 해당되므로 (C)가 정답이다.

어휘 **postpone** ~을 연기하다 **poorly** 저조하게, 형편 없이

Paraphrase some figures → some information

3. 남자는 화요일까지 무엇을 하는 데 동의하는가?
   (A) 회의 마련하기
   (B) 소속 부서장과 이야기하기
   (C) 이메일로 문서 보내기
   (D) 고객 방문하기

정답 (C)

해설 대화 후반부에 여자가 문서를 이메일로 보내 달라고 요청하는 것에 대해(I'd appreciate it if you could e-mail the document to me ~) 남자가 화요일까지 보내겠다고(I'll get it to you by Tuesday ~) 답변하고 있으므로 (C)가 정답이다.

어휘 agree to do ~하는 데 동의하다 arrange ~을 마련하다, 조치하다

Questions 4-6 refer to the following conversation.

M: Hi, this is Jim Thorpe from the Bridges Corporation. I called you earlier this morning to place an order for 25 beverages for our lunchtime meeting. **4** I'd like to increase the order to 50 beverages. Can you still bring those up to our offices by 1 P.M. today?

W: I'm sorry, sir, but **5** our coffee shop is understaffed today, and lunchtime is our busiest period. If you require 50 beverages, we might not manage to deliver them until around 2.

M: Really? Well, maybe we can just take the 25 drinks, but **6** could you include 25 muffins as well?

W: Yes, that will be possible. **6** I can warm those up quite quickly and bring them along with your drinks at 1 P.M.

남: 안녕하세요, 저는 브릿지스 사의 짐 소프입니다. 아까 아침에 저희 점심 모임에 필요한 음료 25개를 주문하려고 전화 드렸던 사람입니다. 그 주문을 음료 50개로 늘리려고 합니다. 여전히 오늘 오후 1시까지 저희 사무실로 그것들을 가져다 주실 수 있으세요?

여: 고객님, 죄송하지만, 오늘 저희 커피 매장에 직원이 부족한데, 점심 시간이 가장 바쁜 시간대입니다. 50개의 음료가 필요하시다면, 2시쯤이나 되어야 간신히 배달해 드릴 수 있을 겁니다.

남: 정말요? 저, 아마 그냥 음료 25개로 해도 될 것 같은데, 그럼 머핀 25개도 포함해 주실 수 있으세요?

여: 네, 그렇게는 가능할 겁니다. 그 머핀들을 꽤 빨리 데운 다음, 오후 1시에 음료와 함께 가져다 드릴 수 있습니다.

어휘 place an order for ~을 주문하다 beverage 음료 would like to do ~하고 싶다, ~하고자 하다 increase ~을 늘리다, 증가시키다 bring A up to B: A를 B로 가져오다, 가져가다 understaffed 직원이 부족한, 일손이

모자라는 require ~을 필요로 하다 not A until B: B나 되어야 A하다 manage to do 간신히 ~해내다 around ~쯤, 약, 대략 include ~을 포함하다 as well ~도, 또한 warm A up: A를 데우다 quite 꽤, 상당히 along with ~와 함께

4. 남자는 왜 전화를 거는가?
(A) 식사 자리를 준비하기 위해
(B) 주문량을 늘리기 위해
(C) 정보를 요청하기 위해
(D) 일부 제품에 대해 불평하기 위해

정답 (B)

해설 대화 초반부에 화자가 자신을 소개한 뒤로 주문량을 음료 50개로 늘리고 싶다고(I'd like to increase the order to 50 beverages) 말하고 있다. 따라서 이를 언급한 (B)가 정답이다.

어휘 organize ~을 준비하다, 조직하다 request ~을 요청하다 complain about ~에 대해 불평하다

5. 여자는 어디에서 일하고 있을 것 같은가?
(A) 커피숍에서
(B) 슈퍼마켓에서
(C) 공장에서
(D) 호텔에서

정답 (A)

해설 남자의 요청 사항을 들은 여자가 대화 중반부에 'our coffee shop'이라는 말로 자신이 근무하는 곳을 밝히고 있으므로 (A)가 정답이다.

6. 여자는 자신이 무엇을 할 것이라고 말하는가?
(A) 자신의 상사와 이야기하기
(B) 대량 할인 제공하기
(C) 일부 음식품 준비하기
(D) 배달 시간 변경하기

정답 (C)

해설 대화 후반부에 남자가 머핀 25개를 포함해 달라고(~ could

you include 25 muffins as well?) 요청하는 것에 대해 여자가 그것들을 데워서 음료와 함께 갖다 주겠다고(I can warm those up quite quickly and bring them ~) 대답하고 있다. 이는 음식을 준비하겠다는 뜻을 나타내는 것이므로 (C)가 정답이다.

어휘 **supervisor** 상사, 책임자, 부서장 **bulk** 대량의 **prepare** ~을 준비하다

Paraphrase muffins → food items
warm those up → prepare

Questions 7-9 refer to the following conversation and chart.

W: **7** Welcome to PC Max Center. Is there something I can assist you with?

M: **7** Yes, I bought this laptop computer from your store a few weeks ago, and it's giving me some problems. The main thing is that it's running slowly and keeps displaying this error message.

W: Let me see. Ah, based on this list of system errors, **8** that error number means that there's a shortage of memory. Have you downloaded a lot of files?

M: Well, I did download quite a lot of movies recently.

W: **9** You'd better delete some of them. I'll show you how to do that quickly and easily. The laptop should run faster after I'm done.

여: <PC Max 센터>에 오신 것을 환영합니다. 제가 도와 드릴 일이 있을까요?

남: 네, 제가 몇 주 전에 이 매장에서 이 노트북 컴퓨터를 구입했는데, 문제가 좀 생겼어요. 가장 중요한 점은 느리게 작동되는데다 이 오류 메시지가 계속 나타나고 있다는 것이에요.

여: 확인해 보겠습니다. 아, 시스템 오류에 대한 이 목록에 따르면, 그 오류 번호는 메모리가 부족하다는 것을 의미합니다. 파일을 많이 다운로드 하셨었나요?

남: 저, 최근에 상당히 많은 영화를 다운로드 하긴 했어요.

여: 그 중 일부를 삭제하시는 편이 좋을 것입니다. 빠르고 쉽게 하실 수 있는 방법을 알려 드리겠습니다. 제가 완료해 드리고 나면 노트북 컴퓨터가 더 빠르게 작동될 겁니다.

일반적인 시스템 오류	세부 정보
#03265	부정확한 비밀번호
#04873	폴더를 찾을 수 없음
#02984	파일을 저장할 수 없음
#05812	충분하지 않은 메모리

어휘 **assist A with B**: B에 대해 A를 돕다 **The main thing is that** 가장 중요한 점은 ~라는 것이다 **run** (기계 등이) 작동되다 **keep -ing** 계속 ~하다 **display** ~을 보여 주다, 나타내다 **based on** ~에 따르면, ~을 바탕으로 **shortage** 부족, 모자람 **quite** 상당히, 꽤 **recently** 최근에 **You'd better + 동사원형**: ~하는 편이 좋을 것입니다 **delete** ~을 삭제하다 **show A how to do**: A에게 ~하는 법을 알려 주다 **common** 일반적인, 흔한 **details** 세부 정보, 상세 사항 **incorrect** 부정확한 **locate** ~의 위치를 찾다 **save** 저장하다

7. 여자는 누구일 것 같은가?
(A) 공장 직원
(B) 수업을 맡은 강사
(C) 매장 점원
(D) 웹 사이트 디자이너

정답 (C)

해설 여자의 신분을 묻고 있으므로 특정 업무나 서비스, 활동 등을 나타내는 표현을 중심으로 단서를 찾아야 한다. 대화를 시작하면서 여자가 PC Max Center에 온 것을 환영한다는 인사와 함께 도와 줄 일이 있을지 묻고 있다(Welcome to PC Max Center. Is there something I can assist you with?). 이에 대해 남자가 매장에서 구입한 노트북 컴퓨터의 문제점을 말하고 있어(I bought this laptop computer from your store ~) 여자가 매장에서 근무하는 점원임을 알 수 있으므로 (C)가 정답이다.

어휘 **instructor** 강사 **clerk** 점원

8. 시각자료를 보시오. 노트북은 어느 오류 번호를 보여주고 있는가?
(A) #03265
(B) #04873
(C) #02984
(D) #05812

정답 (D)

해설 대화 중반부에 남자가 언급하는 문제점과 관련해, 여자가 해당 오류 번호는 메모리가 부족하다는 것을 의미한다고 (that error number means that there's a shortage of memory) 말하고 있다. 시각자료에서 메모리 부족 상태에 해당되는 번호가 #05812이므로 (D)가 정답이다.

9. 여자는 곧이어 무엇을 할 것 같은가?
(A) 시연하기
(B) 책임자와 얘기하기
(C) 기기를 수리하기
(D) 예약 일정 잡기

정답 (A)

해설 여자가 곧이어 할 일을 묻고 있으므로 대화 후반부에 집중해 미래 표현이나 의지 또는 계획 등과 관련된 정보를 찾아야 한다. 대화의 마지막에 여자는 일부 파일을 삭제하는 것이 좋으며 빠르고 쉽게 할 수 있는 방법을 알려 주겠다고(~ I'll show you how to do that quickly and easily) 말하고 있다. 이는 시범을 보여주는 것에 해당되므로 시연을 한다는 의미로 쓰인 (A)가 정답이 된다.

어휘 demonstration 시연(회) supervisor 책임자, 부서장 repair ~을 수리하다 device 기기, 장치 schedule ~의 일정을 잡다 appointment 예약, 약속

Paraphrase show you how to do that → Give a demonstration

Part 4

| 10. (C) | 11. (B) | 12. (C) | 13. (B) | 14. (D) |
| 15. (B) | 16. (A) | 17. (C) | 18. (C) | |

Questions 10-12 refer to the following telephone message.

Good morning, Ms. Willis. 10 This is Scarlett, your new office intern. You asked me to come into work this morning, but 11 I'm not sure when our building opens on Saturdays. I'm already here, but the doors are locked. I'm going to wait in the coffee shop next door, but 12 I would really appreciate it if you could send me a quick text message to let me know when I'll be able to access our office. I'm sorry to call you on the weekend, but I hope to hear from you soon.

안녕하세요, 윌리스 씨. 저는 당신 사무실의 신입 인턴인 스칼렛입니다. 저에게 오늘 일하러 나오도록 요청하셨는데, 우리 건물이 매주 토요일에 언제 문을 여는지 잘 모르겠습니다. 저는 이미 여기 왔는데, 문들이 잠겨 있습니다. 옆 건물의 커피 매장에서 기다리겠지만, 제가 언제 사무실로 출입할 수 있을지 알려 주시는 간단한 문자 메시지를 하나 보내 주실 수 있다면 정말 감사하겠습니다. 주말에 전화 드려서 죄송하지만, 곧 답장 주시기를 바랍니다.

어휘 ask A to do: A에게 ~하도록 요청하다 come into work 일하러 나오다 locked 잠긴 next door 옆 건물에, 옆집에 I would appreciate it if ~라면 감사하겠습니다 text message 문자 메시지 let A know B: A에게 B를 알리다 be able to do ~할 수 있다 access ~에 접근하다, ~을 이용하다 hear from ~로부터 답장을 받다, 소식을 듣다

10. 청자는 누구일 것 같은가?
(A) 경비원
(B) 부동산 중개업자
(C) 사무실 책임자
(D) 시설 관리 직원

정답 (C)

해설 담화를 시작하면서 화자가 사무실 신입 인턴이라는 말과 함께 상대방이 일하러 나오도록 요청한 사실을(This is Scarlett, your new office intern. You asked me to come into work this morning ~) 언급하고 있다. 이는 해당 사무실 책임자가 할 수 있는 일이므로 (C)가 정답이다.

11. 화자는 무슨 정보가 필요한가?
(A) 업체 주소
(B) 문 여는 시간
(C) 건물 출입 코드
(D) 전화번호

정답 (B)

해설 화자가 담화 초반부에 언제 문을 여는지 잘 모르겠다는 말과 함께 이미 도착하기는 했지만 문이 잠겨 있다고(~ I'm not sure when our building opens on Saturdays. I'm already here, but the doors are locked) 알리고 있다. 이는 문을 여는 시간을 궁금해하는 것이므로 (B)가 정답이다.

12. 화자는 청자에게 무엇을 하도록 요청하는가?
(A) 자신과 함께 커피를 마시는 일
(B) 자신에게 길 안내 정보를 제공하는 일
(C) 자신에게 메시지를 보내는 일
(D) 자신에게 다시 전화하는 일

정답 (C)

해설 화자가 요청하는 일을 묻고 있으므로 요청 관련 표현과 함께 제시되는 정보를 찾아야 한다. 화자가 담화 마지막에 자신이 필요로 하는 정보를 메시지로 보내 달라고(I would really appreciate it if you could send me a quick text message ~) 요청하고 있으므로 (C)가 정답이다.

어휘 **provide A with B:** A에게 B를 제공하다 **directions** 길 안내 **call A back:** A에게 다시 전화하다

Questions 13-15 refer to the following broadcast.

Good afternoon, I'm Andrew Huffman. Today, **13** we have a report about a new service developed by the city library that should help local residents. Community readers are always concerned about forgetting the return dates of their books, magazines and videos. But now, **14** **15** an application has been provided by the library that will automatically send a notification to users to remind them of an approaching due date. And that's not all. **15** The application will also recommend materials to read based on the user's reading preference. Download the application for free and check it out.

안녕하세요, 저는 앤드류 허프만입니다. 오늘, 저희는 시립 도서관에 의해 개발되어 지역 주민들께 도움이 될 새로운 서비스에 관한 소식을 가지고 있습니다. 독서를 좋아하시는 지역 주민들께서는 항상 도서, 잡지, 그리고 비디오 반납 날짜를 잊는 것에 대해 우려하십니다. 하지만 이제, 이용자들에게 다가오는 반납 기일을 상기시켜주는 알림을 자동으로 보내줄 애플리케이션이 이 도서관에 의해 제공되었습니다. 그리고 그게 다가 아닙니다. 이 애플리케이션은 또한 이용자의 독서 선호도를 바탕으로 읽을거리도 추천해 줄 것입니다. 무료로 이 애플리케이션을 다운로드하셔서 확인해 보십시오.

어휘 **develop** ~을 개발하다 **local** 지역의 **resident** 주민 **community** 지역 사회 **be concerned about** ~에 대해 우려하다 **forget** ~을 잊다 **provide** ~을 제공하다 **automatically** 자동으로 **notification** 알림 **remind A of B:** A에게 B를 상기시키다 **approaching** 다가오는 **due date** 반납 기일, 마감일 **recommend** ~을 추천하다 **material** 자료, 재료, 물품 **based on** ~을 바탕으로 **preference** 선호(하는 것) **for free** 무료로

13. 방송의 주제는 무엇인가?
(A) 잡지 기사
(B) 도서관 서비스
(C) 교육용 프로그램
(D) 재활용 프로젝트

정답 (B)

해설 담화를 시작하면서 화자가 오늘 보도 내용으로 시립 도서관에 의해 개발된 새로운 서비스에 관한 소식을 가지고 있다고(~ we have a report about a new service developed by the city library that should help local residents) 알리고 있으므로 (B)가 정답이다.

어휘 **article** (잡지 등의) 기사 **educational** 교육적인 **recycling** 재활용

14. 애플리케이션의 사용자들은 무엇을 할 수 있을 것인가?
(A) 회원 자격 업그레이드하기
(B) 전문가와 상담하기
(C) 한 행사에 등록하기
(D) 알림 받기

정답 (D)

해설 담화 중반부에 주민들을 대상으로 제공되는 서비스로 이용자들에게 반납 기일을 상기시켜주는 알림을 보내줄 애플리케이션이 제공된다고(~ an application has been provided by the library that will automatically send a notification to users to remind them of an approaching due date) 알리고 있다. 따라서 알림을 받는 일을 뜻하는 (D)가 정답이다.

어휘 **be able to do** ~할 수 있다 **consult** ~와 상담하다 **professional** n. 전문가 **sign up for** ~에 등록하다, ~을 신청하다 **receive** ~을 받다

send a notification to users
→ Receive notifications

15. 화자가 "그리고 그게 다가 아닙니다"라고 말할 때 그 말의 속뜻은 무엇인가?
(A) 앱이 몇몇 결점을 가지고 있다고 생각한다.
(B) 앱의 또 다른 특징을 설명할 것이다.
(C) 앱이 유명해질 것이라고 믿는다.
(D) 몇몇 다른 앱들을 추천할 것이다.

정답 (B)

해설 담화 중반부에 주민들을 대상으로 제공되는 서비스인 애플리케이션의 특징으로, 이용자들에게 반납 기일을 상기시켜주는 알림을 보내줄 것이라고(~ an application has been provided by the library that will automatically send a notification to users to remind them of an approaching due date) 말한 후에 '그게 다가 아닙니다'라고 말하고 있다. 또한, 주어진 문장 뒤에서 앱의 또 다른 특징으로, 이용자의 독서 선호도를 바탕으로 읽을거리도 추천해 줄 것(The application will also recommend materials to read based on the user's reading preference)이라고 언급하고 있다. 이를 통해, 주어진 문장이 앱의 또 다른 특징을 다음에 설명할 것이라고 알려주는 문장이라는 것을 알 수 있으므로 (B)가 정답이다.

어휘 drawback 결점 describe ~을 설명하다 feature 특징 popular 유명한 recommend ~을 추천하다

Questions 16-18 refer to the following announcement and schedule.

Good morning, everyone. **16** On behalf of Karma Train Station, I'd like to tell you about the new facilities in our station. Our three-month long refurbishment project was completed last month, and the station now includes a wide variety of excellent restaurants and cafés. Also, **17** you can use free Wi-Fi and phone charging centers throughout the station. And don't forget… reserving tickets is easier than ever thanks to the new ticket kiosks. **18** As a side note for those waiting for the 10:30 train to Albany, I'm sorry to say that it has been delayed by one hour. We are sorry for the inconvenience.

안녕하세요, 여러분. 카르마 기차역을 대표해, 저희 역의 새로운 시설물에 관해 말씀 드리고자 합니다. 저희의 3개월 동안의 재단장 프로젝트가 지난 달에 완료되었으며, 저희 역은 현재 아주 다양하면서도 훌륭한 레스토랑과 카페를 포함합니다. 또한, 역 전체에 걸쳐 무료 와이파이와 휴대 전화 충전소를 이용하실 수 있습니다. 그리고 잊지 마셔야 하는 점은… 티켓 예매가 새로운 티켓 판매기로 인해 그 어느 때보다 더 쉽습니다. 올바니 행 10시 30분 기차를 기다리시는 분들을 위한 별도의 공지로서, 이 기차가 1시간 지연되었다는 사실을 알려 드리게 되어 유감스럽게 생각합니다. 불편함을 드려 죄송합니다.

열차 번호	출발 시간	도착지
P12	09:00	프로비던스
B59	09:45	보스턴
A46	10:30	올바니
S23	11:15	스프링필드

어휘 on behalf of ~을 대표해, 대신해 facility 시설(물) refurbishment 재단장 complete ~을 완료하다 include ~을 포함하다 a wide variety of 아주 다양한 free 무료의 charging center 충전소 throughout ~ 전역에 걸쳐 reserve ~을 예약하다 than ever 그 어느 때보다 thanks to ~로 인해, ~ 덕분에 ticket kiosk 티켓 판매기 side note 별도의 공지 those -ing ~하는 사람들 delayed 지연된, 지체된 by (차이 등) ~만큼 inconvenience 불편함

16. 공지의 주 목적은 무엇인가?
(A) 역내 시설물을 설명하는 것
(B) 새로운 정책을 설명하는 것
(C) 곧 있을 공사에 대해 사과하는 것
(D) 승객들에게 승강장 변동에 관해 상기시키는 것

정답 (A)

해설 담화를 시작하면서 화자가 카르마 역을 대표해 역의 새로운 시설물에 관해 얘기하고자 한다고(On behalf of Karma Train Station, I'd like to tell you about the new facilities in our station) 알리고 있으므로 (A)가 정답이다.

어휘 describe ~을 설명하다 explain ~을 설명하다 policy 정책 apologize for ~에 대해 사과하다 upcoming 곧 있을, 다가오는 remind A about B: A에게 B에 관해

상기시키다

Paraphrase tell you about the new facilities in our station
→ describe the station facilities

17. 화자의 말에 따르면, 청자들은 역에서 무엇을 할 수 있는가?
(A) 선물 매장 방문하기
(B) 무료 음식 시식하기
(C) 자신들의 휴대폰 충전하기
(D) 몇몇 팸플릿 얻기

정답 (C)

해설 이용 가능한 서비스가 언급되는 담화 중반부에, 역 전체에 걸쳐 무료 와이파이와 휴대 전화 충전소를 이용할 수 있다고(~ you can use free Wi-Fi and phone charging centers throughout the station) 알리고 있다. 따라서 이 서비스들 중의 하나에 해당되는 (C)가 정답이다.

어휘 **sample** ~을 시식하다 **free** 무료의 **charge** ~을 충전하다 **obtain** ~을 얻다, 획득하다

18. 시각자료를 보시오. 화자는 어느 기차가 지연될 것이라고 말하는가?
(A) P12
(B) B59
(C) A46
(D) S23

정답 (C)

해설 열차 지연 문제가 언급되는 담화 후반부에, 10시 30분에 올바니로 가는 기차가 1시간 지연되었다고(As a side note for those waiting for the 10:30 train to Albany, I'm sorry to say that it has been delayed by one hour) 알리고 있다. 시각자료에서 10시 30분에 올바니로 출발하는 기차의 번호가 A46이므로 (C)가 정답이다.

Day 03 Part 5, 6 실전 연습

Part 5

1. (C)	2. (C)	3. (C)	4. (A)	5. (C)
6. (B)	7. (D)	8. (D)	9. (C)	10. (C)
11. (B)	12. (D)	13. (B)	14. (C)	15. (A)
16. (B)				

1.

정답 (C)

해석 물리 치료를 받고자 하는 사람은 누구든 반드시 의사의 추천서를 받아야 합니다.

해설 빈칸이 관사와 전치사 사이에 있으므로 빈칸은 명사 자리이다. 따라서 (C) referral이 정답이다.

어휘 **seek** ~을 찾다, 구하다 **physiotherapy treatment** 물리 치료법 **obtain** ~을 얻다, 획득하다 **refer** 참조하다, 조회하다 **referral** 추천(서), 위탁

2.

정답 (C)

해석 귀하의 주문품이 배송 중에 손상된 경우, 고객 지원 서비스를 위해 555-8698번으로 전화 주십시오.

해설 빈칸 앞에 위치한 customer는 가산명사이므로 부정관사와 함께 쓰거나 복수형으로 쓰여야 한다. 이는 customer와 복합명사를 구성할 또 다른 명사가 빈칸에 필요하다는 뜻이므로 (C) support가 정답이다.

어휘 **order** 주문(품) **damaged** 손상된, 피해를 입은 **during** ~ 중에 **shipping** 배송 **support** v. ~을 지원하다, 지지하다 n. 지원, 지지 **supportive** 지원하는

3.

정답 (C)

해석 애스콧 은행의 메인 스트리트 지점과 하프 로드 지점은 크리스마스 이브에 문을 여는데, 이 지점들이 고객 서비스부를 가지고 있기 때문입니다.

해설 빈칸이 접속사와 명사 주어 사이에 위치해 있으므로 빈칸은 명사를 수식할 형용사 자리이다. 따라서 지시형용사 (C) these가 정답이다.

어휘 location 지점, 위치 remain + 형용사 ~한 상태로 있다, 유지되다 branch 지점, 지사 contain ~을 포함하다 department 부서

4.
정답 (A)

해석 그 영화제는 두 달 전에 발표되었지만, 주요 영화 목록은 여전히 대중에게 공개되지 않았다.

해설 빈칸 뒤에 위치한 부정어 not과 어울릴 수 있는 부사 (A) still과 (B) yet 중에서, 현재완료시제를 구성하는 has 앞에 위치할 수 있는 (A) still이 정답이다.

어휘 announce ~을 발표하다 featured 주연의, 특별한, 주요한 release ~을 공개하다 publicly 공개적으로 still 여전히 yet 아직 already 이미 only 오직 ~만

5.
정답 (C)

해석 저는 귀하께서 저희의 대형 회의실이 편안하고 또 귀하의 마음에도 드실 거라 생각합니다.

해설 동사 find는 5형식동사로 빈칸은 목적어 다음 목적격보어 자리이다. 목적격보어 자리에 올 수 있는 것은 형용사이므로 (C) comfortable이 정답이다.

어휘 positive 긍정적인 find ~을 알게 되다 to one's liking ~의 취향에 맞게 comfort 편안하게 하다 comfortably 편안하게 comfortable 편안한

6.
정답 (B)

해석 드레스에 생긴 손상에 대해 윈콧 씨에게 보상하기 위해, 세탁소에서 100달러의 상품권을 제공했다.

해설 빈칸 바로 뒤에 동사원형이 쓰여 있으므로 동사원형과 결합해 '~하기 위해'라는 의미를 나타낼 때 사용하는 (B) In order to가 정답이다.

어휘 compensate A for B B에 대해 A에게 보상하다 damage 손상, 피해 cause ~을 발생시키다, 야기하다

offer A B A에게 B를 제공하다 gift certificate 상품권 so that (목적) ~할 수 있도록 in order to do ~하기 위해 even if 설사 ~라 하더라도

7.
정답 (D)

해석 시험실에서 일하는 동안, 연구원들은 믿을 만한 실험 결과를 내기 위해 절차들을 엄격하게 따라야 한다.

해설 빈칸이 전치사와 명사 사이에 있으므로 빈칸은 명사를 수식할 형용사 자리이다. 따라서 (D) reliable이 정답이다.

어휘 lab 실험실 researcher 연구원 follow ~을 따르다 procedure 절차 strictly 엄격하게 rely 신뢰하다 reliably 믿을만 하게 reliable 믿을 만한

8.
정답 (D)

해석 지난 3주 동안, 엘렉트로 주식회사는 자사의 주요 경쟁회사에 대한 매입 협상에 직접 참여하게 되었다.

해설 빈칸 뒤에 형용사가 있으므로 빈칸은 형용사를 수식할 부사 자리이다. 따라서 (D) intimately가 정답이다.

어휘 past 지난 involved 관여된 talks 협상 purchase ~을 구매하다, 매입하다 primary 주요한 rival 경쟁업체 intimate a. 친밀한 v. 넌지시 알리다 intimation 넌지시 알림, 시사 intimately 직접적으로

9.
정답 (C)

해석 그레이 씨는 자신의 면접이 있었던 대회의실에 실수로 지갑을 놓고 왔다.

해설 선택지에 관계대명사와 관계부사가 섞여 있고, 빈칸 뒤에 주어와 자동사로 구성된 완전한 절이 있다. 이 절을 이끌 수 있는 것은 관계부사이므로 (C) where가 정답이다.

어휘 accidentally 실수로, 우연히 leave ~을 놓다, 두다 take place (일·행사 등이) 발생되다, 개최되다

10.
정답 (C)

해석 NCH 그룹은 주요 기차역과 가까운 곳에 편리하게 위치하는 여러 새 고급 호텔을 개장할 것이다.

해설 빈칸 뒤에 목적어가 있으므로 목적어를 취할 수 있는 타동사 중에서 의미가 적절한 것을 찾아야 한다. 목적어인 여러 새로운 고급 호텔들에 대해 취해질 행위로는 '새 호텔들을 개장하다'라는 의미가 자연스러우므로 '~을 개장하다, 열다'를 뜻하는 타동사 (C) open이 정답이다.

어휘 conveniently 편리하게 be located + 전치사 ~에 위치해 있다 notice ~을 알아차리다 invite ~을 초대하다, ~에게 요청하다 enter ~에 들어가다, 참가하다

11.

정답 (B)

해석 돼지고기에 알레르기가 있는 사람들을 위해, 많은 레스토랑들이 지난 10년 동안 더 많은 채식 음식들을 소개해 왔다.

해설 우선, 빈칸 앞에 전치사구와 주어가 있고 빈칸 뒤로 명사구와 전치사구가 있으므로 빈칸은 동사 자리이다. 또한, 문장 마지막에 in the last ten years라는 과거에서 현재에 이르는 기간 표현이 있으므로 현재완료시제 (B) have introduced가 정답이다.

어휘 those who ~하는 사람들 be allergic to ~에 알레르기가 있다 introduce ~을 소개하다, 도입하다

12.

정답 (D)

해석 리버사이드 시장은 모든 지역 주민들에게 시청에서 열리는 공청회에 참석하도록 권고했다.

해설 빈칸 뒤에 목적어와 to부정사 구조가 이어져 있으므로 이 구조와 어울려 쓰이는 5형식 타동사 (D) encouraged가 정답이다.

어휘 mayor 시장 encourage A to do A에게 ~하도록 권하다, 장려하다 attend ~에 참석하다 public hearing 공청회 agree 동의하다 purchase ~을 구입하다 discuss ~을 논의하다, 이야기하다

13.

정답 (B)

해석 그린버그 마케팅 그룹은 데넘 백화점을 대신해 광범위한 고객 설문조사를 실시하기로 결정했다.

해설 빈칸 앞에 위치한 on behalf는 전치사 of와 결합해 '~을 대신해, 대표해'라는 의미를 나타내는 전치사구를 구성하므로 (B) of가 정답이다.

어휘 decide to do ~하기로 결정하다 conduct ~을 실시하다, 수행하다 extensive 광범위한, 폭넓은 survey 설문조사(지) on behalf of ~을 대신해, 대표해

14.

정답 (C)

해석 새로운 사내 보안 정책과 관련된 회람을 받지 못하셨다면, 인사부의 스콧 씨에게 연락하십시오.

해설 빈칸 뒤에 '새로운 사내 보안 정책'을 뜻하는 명사구가 쓰여 있는데, 이는 빈칸 앞에 언급된 회람의 주제인 것으로 판단할 수 있습니다. 따라서 주제를 나타내는 전치사 (C) regarding이 정답이다.

어휘 contact ~에게 연락하다 personnel 인사(부) receive ~을 받다 memorandum 회람 corporate 기업의 security 보안 policy 정책, 방침 following ~ 후에 regarding ~와 관련해 throughout (기간) ~ 동안에 걸쳐, (장소) ~ 전역에 걸쳐

15.

정답 (A)

해석 이사진은 홍콩에서 열리는 세미나에서 누가 제품 발표를 진행할 것인지 결정해야 한다.

해설 목적어를 필요로 하는 타동사 뒤로 빈칸이 있고 그 뒤로 주어 없이 동사부터 시작되는 불완전한 절이 하나 이어져 있다. 따라서 이 절이 동사의 목적어 역할을 하는 명사절이 되어야 하므로 불완전한 절을 이끄는 명사절 접속사 (A) who가 정답이다.

어휘 board members 이사진, 이사회 decide ~을 결정하다 lead ~을 진행하다, 이끌다 presentation 발표

16.

정답 (B)

해석 직원 복장 규정에 대한 아르코 정유회사의 새로운 사내 정책은 오직 정규직 직원들에게만 적용된다.

해설 우선, 빈칸 앞에는 주어와 전치사구가 있고, 빈칸 뒤에는 부사 only와 전치사구만 있으므로 빈칸은 문장의 동사 자리이다.

또한, 주어가 3인칭 단수이므로 단수동사 (B) applies가 정답이다.

어휘 **policy** 정책, 방침 **dress code** 복장 규정 **full-time** 정규직의 **apply (to)** (~에) 적용되다

Part 6

17. (A)	18. (D)	19. (D)	20. (D)	21. (A)
22. (B)	23. (D)	24. (D)		

17-20.

수신: 전 직원
발신: 랜스 코즐렉
날짜: 12월 16일
제목: 고객들을 위한 선물

12월 20일부터 시작되는 3일의 기간 동안 우리 매장에서 고객들에게 무료 선물을 제공할 예정이라는 것을 잊지 마시기 바랍니다.

우리가 진행하는 일련의 계절 세일 행사의 일환으로 열리는 이번 선물 **17** 배포 행사를 위해, 우리는 여러 **18** 포스터들을 준비할 예정입니다. 이 포스터들은 고객들이 어떻게 무료 선물을 신청할 수 있는지를 설명해 줄 것입니다. **19** 참여하는 지점들의 계산대 근처 벽면과 중앙 출구 외부에 이 포스터들을 부착해 둘 예정입니다. **20** 반드시 모든 고객들께서 이 제공 서비스를 알고 계시도록 해 주시기 바랍니다. 여러분의 노고와 협조에 감사 드립니다.

어휘 **three-day period** 3일간의 기간 **offer A to B** A를 B에게 제공하다 **one's series of** 일련의 **seasonal** 계절의 **describe** ~을 설명하다 **claim** ~을 신청하다, 요청하다 **affix A to B** A를 B에 부착하다, 붙이다 **near** ~의 근처에 **cash register** 계산대 **outside** ~의 외부에, 바깥에 **entrance** 출입구 **hard work** 노고 **cooperation** 협조

17.

정답 (A)

해설 빈칸 앞에 전치사가 있으므로 빈칸은 전치사의 목적어 자리이며, 그 앞의 this는 앞서 언급된 '무료 선물을 제공하는 일'을 가리켜야 한다. 따라서 '배포, 배부' 등을 의미하는 (A) distribution이 정답이다.

어휘 **distribution** 배포, 유통 **distribute** ~을 배포하다,

유통시키다 **distributor** 유통업체

18.

정답 (D)

해설 동사 prepare의 목적어에 해당되는 빈칸에는 준비하는 대상을 가리킬 명사가 필요하다. 뒤에 이어지는 내용을 보면 선물 배부 행사를 설명할 수 있어야 하고 벽면 등에 부착한다고 했으므로 '포스터'를 뜻하는 (D) posters가 정답이다.

어휘 **advisor** 고문, 자문 **discount** 할인 **poster** 포스터

19.

정답 (D)

해설 빈칸은 빈칸 뒤의 명사를 수식할 형용사 자리이다. 동사 participate이 자동사이기 때문에 현재분사의 형태로만 명사를 수식할 수 있으므로 (D) participating이 정답이다.

어휘 **participate** 참여하다 **participation** 참여

20.

정답 (D)

해석 (A) 직원들은 20일에 이 고객 설문지를 제게 돌려주셔야 합니다.
(B) 제품 환불은 오직 영수증이 제시될 경우에만 제공됩니다.
(C) 저희는 매장 청소 작업을 할 몇몇 자원 봉사자들을 구하고 있습니다.
(D) 반드시 모든 고객들께서 이 제공 서비스를 알고 계시도록 해 주시기 바랍니다.

해설 지문이 무료 선물 배포 행사 및 그에 대한 포스터를 제작해 부착하는 방식을 설명하고 있는데, 이는 행사 홍보를 위한 것이므로 고객들이 알 수 있도록 해 달라고 당부하는 내용을 담은 (D)가 정답이다.

어휘 **return A to B** A를 B에게 돌려 주다 **refund** 환불 **receipt** 영수증 **present** ~을 제시하다 **seek** ~을 찾다, 구하다 **make sure (that)** 반드시 ~하도록 하다 **be aware of** ~을 알다, 인식하다 **offer** 제공(되는 것)

21-24.

수신: 샐리 스터게스
발신: 게스트 서비스부
제목: 글렌이글스 리조트에 머무르셨던 귀하의 최근 숙박
날짜: 11월 25일
첨부: 객실 쿠폰

스터게스 씨께,

11월 19일부터 21일까지 저희 글렌이글스 리조트에서 머무르시는 동안 겪으셨던 문제점들에 관한 이야기를 듣게 되어 대단히 유감스럽습니다. 귀하께서 객실에서 찾아내신 이미 사용된 타월과 교체되지 않은 침구 물품은 저희 리조트가 그 동안 쌓아 온 명성의 바탕이 되는 높은 수준의 서비스를 21 대표하는 것이 아니라는 점을 믿어 주시기 바랍니다. 저희의 모든 객실들은 일반적으로 고객들께서 체크인 하시도록 허용해 드리기 전에 깔끔한 타월과 침구 물품을 갖춰 놓습니다. 이번 22 실수에 대해 정중히 사과 드립니다.

저희는 기꺼이 저희 리조트에서의 무료 1박 서비스를 23 제공해 드릴 것이며, 여기에는 저희 이탈리안 레스토랑인 샌티니스에서의 1회 식사 서비스도 포함됩니다. 귀하께서 다음 번에 저희 리조트에서 객실을 예약하실 때, 이 이메일에 첨부되어 있는 쿠폰을 출력하셔서 체크인하실 때 프론트 데스크 직원에게 제시해 주시기만 하시면 됩니다. 24 다시 한번, 귀하께서 받으셨던 형편없는 수준의 서비스에 대해 사과의 말씀 드립니다. 안녕히 계십시오.

오스카 플림턴
고객 서비스부
글렌이글스 리조트

어휘 **voucher** 쿠폰, 상품권 **hear about** ~에 관한 이야기를 듣다 **encounter** ~을 겪다, 마주치다 **Please be assured that** ~라는 점을 믿어 주시기 바랍니다 **unchanged** 교체되지 않은 **bedding** 침구 물품 **build one's reputation on** ~을 바탕으로 명성을 쌓다 **be equipped with** ~가 갖춰져 있다 **usually** 일반적으로, 보통 **be allowed to do** ~하도록 허용되다 **apologize for** ~에 대해 사과하다 **complimentary** 무료의 **including** ~을 포함해 **reserve** ~을 예약하다 **simply** 단순히, 그저 **print out** ~을 출력하다, 인쇄하다 **attach A to B** A를 B에 첨부하다 **present** ~을 제시하다 **upon** ~할 때, ~하자마자

21.

정답 (A)

해설 빈칸 앞에는 be동사가, 빈칸 뒤에는 전치사가 있으므로 빈칸은 주격보어 자리이다. 따라서 명사 또는 형용사가 빈칸에 와야 하는데 선택지에 형용사가 있으므로 (A) representative가 정답이다.

어휘 **be representative of** ~을 나타내다, ~을 대표하다 **represent** ~을 대표하다, 대신하다 **representatively** 대표하여

22.

정답 (B)

해설 빈칸 앞에 정관사 the가 있으므로 앞서 언급된 명사가 빈칸에 와야 한다. 앞서 언급된 좋지 않은 서비스를 대신하는 명사가 필요하고, 좋지 않은 서비스에 대해 리조트 측은 실수라고 변명해야 하므로 '실수, 간과'를 뜻하는 (B) oversight가 정답이다.

어휘 **decision** 결정 **oversight** 실수, 간과 **similarity** 유사함 **factor** 요인, 요소

23.

정답 (D)

해설 빈칸 앞에 위치한 be happy to는 동사원형과 결합해 '기꺼이 ~하다, ~하게 되어 기쁘다'와 같은 의미를 나타내므로 (D) provide가 정답이다.

어휘 **provide A with B** A에게 B를 제공하다

24.

정답 (D)

해석 (A) 저희 리조트는 상업 지구 내에 편리한 곳에 위치해 있습니다.
(B) 대부분의 저희 고객들께서는 이 새로운 서비스에 만족하고 계십니다.
(C) 하지만 저희 직원들 중의 한 명이 문제를 신속히 처리했습니다.
(D) 다시 한번, 귀하께서 받으셨던 형편없는 수준의 서비스에 대해 사과의 말씀 드립니다.

해설 지문이 리조트 측의 실수와 관련해 고객에게 사과하고 그에 대한 보상 방법을 제시하는 것이 주된 내용이므로 Once again 뒤에 사과 표현이 사용된 (D)가 정답이다.

어휘 **conveniently located** 편리하게 위치한 **commercial**

상업의, 상업적인 **district** 지구, 구역 **be satisfied with** ~에 대해 만족하다 **promptly** 즉각적으로 **address** (문제 등) ~을 처리하다, 다루다 **matter** 사안, 문제 **poor** 형편 없는, 저조한

Day 04 Part 5, 6 실전 연습

Part 5

1. (A)	**2.** (C)	**3.** (B)	**4.** (B)	**5.** (C)
6. (C)	**7.** (D)	**8.** (C)	**9.** (A)	**10.** (C)
11. (C)	**12.** (D)	**13.** (A)	**14.** (C)	**15.** (A)
16. (D)				

1.

정답 (A)

해석 함란 오토 디테일링 서비스 사는 차량 수리를 위해 방문하는 고객 누구에게나 무료 실내 청소 서비스를 제공한다.

해설 빈칸 앞에 두 개의 형용사가 나열되어 있고 동사의 목적어가 없으므로 빈칸에는 두 개의 형용사의 수식을 받으면서 동사의 목적어 역할을 할 명사가 필요하다. 따라서 -ing 형태를 가진 명사 (A) cleaning이 정답이다.

어휘 **provide** ~을 제공하다 **complimentary** 무료의 **interior** 실내의 **bring in** ~을 가지고 오다, 들여오다 **repair** n. 수리 v. ~을 수리하다 **cleaning** 청소

2.

정답 (C)

해석 다른 부서장들과 달리, 트래스커 씨는 직접 월간 업무 일정표를 작성하고 싶어한다.

해설 빈칸 앞에 전치사구와 완전한 문장이 있으므로 맨 뒤에 위치한 빈칸은 부사의 역할을 하는 단어가 쓰여야 한다. 이 역할이 가능한 것이 재귀대명사이므로 (C) herself가 정답이다.

어휘 **unlike** ~와 달리 **supervisor** 부서장, 상사 **would prefer to do** ~하고 싶어하다 **complete** ~을 작성하다, 완료하다 **monthly** 월간의, 달마다의 **oneself** (부사처럼 쓰여) 직접, 스스로 **one's own** 자신만의

3.

정답 (B)

해석 새롭게 인쇄된 직원업무지침서가 직무 교육 시간에 배포될 준비가 될 것이다.

해설 전치사 뒤는 명사 자리이므로 명사인 (B) distribution과 동명사인 (D) distributing중에서 답을 골라야 한다. 그런데 distribute는 목적어를 필요로 하는 타동사인데, 빈칸 뒤에 전치사구가 이어지고 있으므로 (D) distributing은 답이 될 수 없다. 따라서 (B) distribution이 정답이다.

어휘 printed 인쇄된 employee handbook 직원 업무지침서 be ready for ~에 대한 준비가 되다 distribution 분배, 배부 distribute ~을 분배하다, 배부하다

4.

정답 (B)

해석 크라우더 코퍼레이션 사의 모든 직원은 팀 기반의 사무실 환경에 만족하고 있다고 말한다.

해설 빈칸이 be동사 뒤에 있으므로 빈칸에는 보어로 쓰일 형용사가 필요하다. 주어 they가 가리키는 사람명사의 감정을 나타낼 과거분사가 쓰여야 알맞으므로 (B) satisfied가 정답이다.

어휘 A-based A를 기반으로 하는, 바탕으로 하는 satisfy ~을 만족시키다 satisfied (with) (사람이 ~에) 만족한 satisfying 만족시키는 satisfaction 만족(도)

5.

정답 (C)

해석 보다 원활한 작동을 보장하기 위해, 표준 규격의 종이만 팩스기에 올려놓아야 합니다.

해설 빈칸이 포함된 구 뒤에 완전한 문장이 있으므로 빈칸에는 부사의 역할을 할 수 있는 것이 들어가야 한다. 따라서 '~하기 위해'라는 목적을 나타내는 to부정사 (C) To ensure가 정답이다.

어휘 smooth 원활하게 움직이는, 부드러운 operation 작동, 활동 standard-sized 표준 규격인 load ~을 올려놓다, 싣다 ensure ~을 보장하다, 확보하다

6.

정답 (C)

해석 마케팅팀에서 우리에게 시장 설문조사 완료 마감기한이 일주일 정도 연장될 것이라고 알려주었다.

해설 빈칸 뒤에 「목적어 + that + 전달 내용」 구조가 이어져 있으므로 이 구조와 어울려 쓰이는 타동사 (C) informed가 정답이다.

어휘 inform A that A에게 ~라고 알리다 deadline 마감기한 complete ~을 완료하다 extend ~을 연장하다 by (차이) ~정도, 만큼 require ~을 요구하다 announce ~을 알리다 release ~을 출시하다, 발표하다

7.

정답 (D)

해석 회사 인트라넷 및 데이터 파일이 유지 관리 작업으로 인해 내일까지 이용할 수 없을 것이다.

해설 선택지가 모두 능동태 동사이고 시제만 다르므로 시제 단서를 찾아야 한다. 빈칸 뒤에 tomorrow라는 미래 시간 표현이 있으므로 미래시제 (D) will be가 정답이다.

어휘 access to ~의 이용, ~에 대한 접근 unavailable 이용할 수 없는 until (지속) ~까지 due to ~로 인해 maintenance 유지 관리, 시설 보수

8.

정답 (C)

해석 전 직원이 회사 대표를 통해 로스앤젤레스에 본사를 둔 보텍스 엔터테인먼트 사와의 합병에 관해 들었다.

해설 빈칸 앞에 업체명에 해당되는 사물명사가 있고, 빈칸 뒤로 주어 없이 동사 is가 쓰여 있다. 따라서 사물명사를 수식하는 주격 관계대명사인 (C) which가 정답이다.

어휘 inform ~에게 알리다 merger with ~와의 합병 be based in ~에 본사를 두다, 기반을 두다

9.

정답 (A)

해석 6개월 이상의 구독 신청에 대한 할인은 오직 저희 소식지 우편 발송 대상자 명단에 포함된 분들에게만 제공됩니다.

해설 빈칸이 be동사와 부사, 전치사 사이에 빈칸이 있으므로 목적어를 필요로 하는 타동사 offer의 과거분사가 빈칸에 들어가 수동태 동사를 구성해야 알맞은 구조가 된다. 따라서 (A) offered가 정답이다.

어휘 subscription 구독 신청, 서비스 가입 mailing list 우편물 발송 대상자 명단 offer A to B A를 B에게 제공하다

10.

정답 (C)

해석 자료에 따르면, 5번가의 교통 혼잡은 오전 7시와 9시 사이에 최악의 수준에 이른다.

해설 빈칸 뒤에 두 시점이 「A and B」의 구조로 쓰여 있으므로 'A와 B 사이에'라는 의미를 나타낼 때 사용하는 전치사 (C) between이 정답이다.

어휘 according to ~에 따르면 traffic congestion 교통 혼잡 at one's worst 최악의 수준인 between A and B A와 B 사이에 among ~ 사이에서 both (A and B) (A와 B) 둘 모두

11.

정답 (C)

해석 하티건 씨 또는 로즈 씨 둘 중 한 사람이 매닝 엔터프라이즈 사의 최고재무이사 자리를 맡을 것이다.

해설 빈칸 뒤로 문장의 주어가 「A or B」의 구조로 쓰여 있다. 따라서 'A 또는 B 둘 중의 하나'라는 의미로 상관접속사를 구성하는 (C) Either가 정답이다.

어휘 either A or B A 또는 B 둘 중의 하나 assume (역할·책임 등) ~을 맡다 role 자리, 직책 both (A and B) (A와 B) 둘 모두 neither (A nor B) (A도 B도) 둘 다 아닌

12.

정답 (D)

해석 소매업체에서 6개월간 근무한 경력만 있다면 지원서를 제출해 보시기를 모든 구직자 분들께 말씀 드립니다.

해설 빈칸 앞뒤에 절이 각각 있으므로 빈칸은 접속사 자리이다. 빈칸 뒤의 절이 구직 지원에 필요한 조건으로 판단할 수 있으므로 '~하는 한, ~이기만 하면'이라는 뜻으로 쓰이는 (D) as long as가 정답이다.

어휘 invite A to do A에게 ~할 것을 청하다 job seeker 구직자 submit ~을 제출하다 application form 지원서 as long as ~하는 한, ~이기만 하면 retail 소매(업) in case of ~의 경우에

13.

정답 (A)

14.

정답 (C)

해석 헤이스 템프 절머니 사에 의하면, 독일 전역에 걸쳐 고도로 숙련되고 자격을 갖춘 임시직 근무자에 대한 수요가 있다고 한다.

해설 빈칸 뒤에 형용사가 있으므로 빈칸은 very와 같이 '매우, 몹시'라는 의미로 skilled를 수식할 수 있는 (C) Highly가 정답이다.

어휘 skilled 숙련된 qualified 자격이 있는 temporary 임시의 in demand 수요가 있는 according to ~에 따르면 approximately 대략 severely 심하게 highly 매우, 몹시 hardly 거의 ~않다

15.

정답 (A)

해석 가젯 바이블에 따르면, 터보트론 플라즈마 텔레비전은 시중에 팔리는 그 어떤 제품보다도 우수하다.

해설 콤마 뒤에 제시된 문장에 특정 제품을 극찬하는 내용이 나와 있으므로 콤마 앞에는 이에 대한 근거 또는 출처가 나와야 한다. 따라서 '~에 따르면'이라는 뜻의 전치사 (A) According to가 정답이다.

어휘 according to ~에 따르면 be superior to ~보다 우월하다 on the market 시중에 나온 according to ~에 따르면 as soon as ~하자마자 concerning ~와 관련된

16.

정답 (D)

해석 빌 씨는 마케팅 부서 내에서 어떻게 새로운 전략을 수행할 것인지에 관한 유익한 프레젠테이션을 한 공으로 표창을 받았다.

해설 빈칸이 관사와 명사 사이에 있으므로 빈칸은 명사를 수식할 수 있는 형용사 자리이다. 따라서 (A) informative가 정답이다.

어휘 be recognized for ~로 인정받다, 표창 받다 put together ~을 구성하다, 편집하다 strategy 전략 implement 시행 informative 유익한, 정보를 주는 informer 정보 제공자

해석 제레미 상은 자신들의 분야에서 탁월한 공헌도를 보여준 한국인 과학자들에게 매년 주어진다.

해설 빈칸 앞에 수동태 동사가 있고, 빈칸 뒤에 전치사구가 이어지고 있어 완전한 문장을 구성하고 있다. 따라서 완전한 문장에 들어가 동사를 수식할 부사 (D) annually가 정답이다.

어휘 exceptional 우수한 dedication 헌신 annual 매년의, 연례의 annualize 1년에 한 번 하다 annually 매년, 연례적으로

Part 6

17. (D)	**18.** (B)	**19.** (C)	**20.** (A)	**21.** (B)
22. (D)	**23.** (A)	**24.** (A)		

17-20.

프랑코 제조회사

보건 안전 가이드라인 – 부상 상황 보고

프랑코 제조회사의 직원들은 반드시 공장 내에서의 부상 발생 기록에 대한 가이드라인을 따라야 합니다. 일반적으로, 사소한 사고 및 경미한 부상은 보고하실 필요가 없습니다. **17** 하지만, 중대한 사고에 대해서는, 사고 발생 일지에 기입하는 것이 필수입니다.

일부 직원들께서는 오직 생산라인 책임자만이 사고 기록부에 접근할 수 있다고 잘못 알고 계십니다. **18** 이 방침은 수년 전에 변경되었습니다. 사실, 어느 직원이든지 인사부를 방문해 해당 일지에 내용을 기입할 수 있습니다. 병원 치료를 필요로 하는 심각한 경우에는, 책임자가 반드시 기록해야 합니다. 개별 부상 또는 사고를 보고하지 않는 직원들은 **19** 벌금 대상자가 될 것입니다.

이와 같은 조치가 **20** 시행되고 있음을 확실히 함으로써, 우리는 공장 내에서 발생되는 모든 사고들을 파악하고 더욱 안전하게 근무할 수 있는 환경을 만들기 위해 노력할 수 있습니다.

어휘 health & safety 보건 안전 report ~을 보고하다 injury 부상 record ~을 기록하다 typically 일반적으로 incident 사고 minor 경미한, 사소한 major 중대한 accident 사고 make an entry 기입하다 wrongly 잘못하여 production 생산 have access to ~을 이용하다, ~에 접근하다 in fact 실제로, 사실 personnel office 인사부 medical treatment 병원 치료 required 필수의, 필요한 supervisor 책임자, 부서장 fail to do ~하지 못하다 be subject to + 명사 ~의 대상이다 insure that ~임을 확실히 하다, 보장하다 measure 조치, 방안

keep track of ~을 파악하다 occur 발생되다 strive to do ~하려 애쓰다

17.

정답 (D)

해설 빈칸을 기준으로 앞뒤에 사소한 사고 및 경미한 부상에 대한 내용과 대조되는 중대한 사고가 각각 언급되어 있다. 따라서 대조 또는 반대를 나타낼 때 사용하는 (D) However가 정답이다.

어휘 therefore 그러므로, 따라서 even though 비록 ~이지만 in addition 추가로, 게다가 however 하지만

18.

정답 (B)

해석 (A) 주간 사고 발생 횟수가 증가하고 있습니다.
(B) 이 방침은 수년 전에 변경되었습니다.
(C) 장비 교체 기한이 지난 상태입니다.
(D) 그와 같은 기기들은 주기적으로 관리해야 합니다.

해설 빈칸 앞에는 책임자만 사고를 기록하는 것으로 사람들이 잘못 알고 있다는 내용이 제시되어 있고, 빈칸 뒤에는 누구나 그 일을 할 수 있다는 대조적인 말이 쓰여 있다. 따라서 사람들이 잘못 알고 있는 것을 This policy라는 말로 지칭해 그 정책이 변경되었음을 알리는 (B)가 정답이다.

어휘 the number of ~의 수 increase 증가하다 policy 정책, 방침 replacement 교체 overdue 기한이 지난 maintain ~을 유지 관리하다 regularly 주기적으로

19.

정답 (C)

해설 be subject to는 '~의 대상이 되다'라는 의미를 나타내므로 빈칸에는 문장의 주어인 '사고를 보고하지 않는 직원들'에게 적용되는 일을 의미하는 명사가 필요하다. 따라서 '벌금'을 뜻하는 (C) fine이 정답이다.

어휘 delay 지연, 지체 fine 벌금 fault 잘못, 실수

20.

정답 (A)

해설 that절에 속한 빈칸 앞에 명사구만 있으므로 빈칸은 이 that

절의 동사 자리이다. 동사의 형태인 (A) are implemented 와 (D) have implemented 중에서, 사람에 의해 시행되는 대상인 '조치'가 주어로 쓰였으므로 수동태 동사인 (A) are implemented가 정답이다.

어휘 implement ~을 시행하다, 실시하다

21-24.

수신: 전 입주자
발신: 마틸다 베링어
제목: 회신: 자판기 설치
날짜: 4월 15일

저희 설비부에서는 갤라도 푸드 사와 계약을 맺고 아파트 단지 7개 건물에 20개의 스낵 자판기를 설치하게 되었다는 사실에 21 기쁩니다.

101동과 102동에 첫 기계들이 도착하는 것을 시작으로 다음 주부터 설치가 시작될 것입니다. 12일 내로 모든 설치 작업이 완료될 것으로 예상됩니다.

22 저희는 모두가 새 기계를 잘 이용할 수 있기를 바랍니다. 이 기계들은 최신 무선 기술을 탑재해 휴대폰을 이용해 어떤 제품이 이용 가능한지 확인할 수 있습니다. 기계는 23 항상 가동될 것이며 적절한 가격에 양질의 간식을 제공할 것입니다.

갤라도 푸드 사의 직원이 현장에 나와 기계를 설치할 것이고, 이 작업으로 인해 약간의 불편함이 24 발생될 수도 있습니다.

어휘 tenant 입주자 vending machine 자판기 installation 설치, 설비 contract ~와 계약하다 install ~을 설치하다 throughout (시간) ~ 동안 내내 be expected to do ~할 것으로 예상되다 complete ~을 완료하다 latest 최신의 wireless 무선의 available 이용 가능한 in operation 가동 중인 at all times 항상 at reasonable prices 적절한 가격에 on-site 현지의, 현장의 inconvenience 불편

21.
정답 (B)

해설 빈칸이 be동사와 that절 사이에 있으므로 이와 같은 구조로 쓸 수 있는 것을 골라야 한다. 따라서 (B) delighted가 정답이다.

22.
정답 (D)

해석 (A) 저희는 그 기금을 활용할 방법에 대한 제안을 받을 것입니다.
(B) 저희 아파트 건물 중 몇몇은 다음 달에 개조될 예정입니다.
(C) 관리직원들은 그 설치 작업을 완료하기 위해 초과 근무를 해야 할 것입니다.
(D) 저희는 모두가 새로운 기계를 잘 이용할 수 있기를 바랍니다.

해설 빈칸 뒤의 문장에 복수 대명사 They가 쓰였고, 그것이 최신 무선 기술을 가지고 있으며, 휴대폰을 이용해 이용 가능한 제품을 확인할 수 있다는 내용이 언급되어 있다. 이를 통해 여기서 They는 설치 예정인 새로운 자판기라는 것을 알 수 있다. 따라서 the new machines가 언급된 (D)가 정답이다.

어휘 suggestion 제안 utilize ~을 활용하다 funding 기금 be scheduled to do ~할 예정이다 maintenance worker 관리 직원 be required to ~해야 한다, ~하는 것이 요구되다 work overtime 초과 근무하다 take advantage of ~을 이용하다

23.
정답 (A)

해설 빈칸 다음에 all times가 있으므로 이 표현과 함께 쓰여 '항상, 언제나'를 의미할 수 있는 (A) at이 정답이다.

24.
정답 (A)

해설 빈칸 앞에 관계대명사 that이 있고, 빈칸 뒤에 전치사구가 있으므로 빈칸은 관계대명사절의 동사 자리이다. 관계대명사의 선행사인 '불편'이 작업에 의해 야기되므로 수동태인 (A) is caused가 정답이다.

어휘 cause ~을 야기하다, 유발하다

Day 05 Part 7 실전 연습

Part 7

1. (B)	2. (D)	3. (B)	4. (D)	5. (B)

1-2.

수신자: 모든 사원들
제목: 회신: 나타샤 로마노프 씨에 대한 기쁜 소식

1 최근 이뤄낸 성과로 영업부의 나타샤 로마노프 씨를 축하할 수 있게 되어 기쁩니다. **2** 로마노프 씨는 올해 2/4분기 최고의 판매 실적을 기록하셨습니다. 로마노프 씨는 2백만 달러 이상의 가치가 있는 계약을 성사시키는 것을 담당하였습니다. 로마노프 씨는 개인 고객과의 거래뿐 아니라 베를린, 상하이 그리고 요하네스버그에 위치한 회사들과의 거래까지 성사시켰습니다. 그녀 덕분에, 우리는 이제 아시아와 아프리카 시장에서도 첫 고객 유치에 성공했습니다. 로마노프 씨는 이제 겨우 2년 차 직원이기 때문에, 앞으로 그녀가 이뤄낼 훨씬 더 큰 성과들이 기대되는 바입니다.

로마노프 씨의 성공을 축하하기 위해 오후 4시 30분부터 대형 회의실에서 연회가 열릴 예정입니다. 시간 내어 참석해주셔서 로마노프 씨의 성과에 축하해 주시기 바랍니다.

어휘 achievement 성과 set a record 기록을 세우다 second quarter 2/4분기 be responsible for ~을 담당하다 strike an agreement 계약을 체결하다 thanks to ~덕분에 client 고객 in honor of ~을 기리며, ~을 축하하며 reception 연회 take lthe time 시간을 내다

1. 이 공지의 목적은 무엇인가?
(A) 직원들이 더 열심히 일하도록 장려하려고
(B) 한 직원의 성취에 대해 축하해주려고
(C) 직원들을 오리엔테이션 행사에 초대하려고
(D) 회사의 신입 직원을 소개하려고

정답 (B)

해설 지문 첫 번째 단락 첫 번째 줄에서 최근 이뤄낸 성과로 영업부의 나타샤 로마노프 씨를 축하할 수 있게 되어 기쁘다고 말하고 있으므로 한 직원의 공로를 치하하는 (B)가 정답이다.

어휘 encourage A to do A가 ~하도록 장려하다, 격려하다 accomplishment 성취 introduce ~을 소개하다

2. 로마노프 씨에 대해 명시된 것은 무엇인가?
(A) 중국어에 능통하다.
(B) 셀러스 씨를 위해 연회를 주최할 것이다.
(C) 곧 승진할 것이다.
(D) 다른 직원들 보다 더 많은 판매 실적을 올렸다.

정답 (D)

해설 지문 첫 번째 단락 두 번째 줄에 로마노프 씨가 올해 2/4분기 최고의 판매 실적을 기록했다고 말하고 있다. 따라서 이를 언급한 (D)가 정답이다.

어휘 be fluent in ~에 능통하다 host ~을 주최하다 be promoted 승진되다

3-5.

그랜트 [오전 10:35]
안녕하세요, 올리비아 씨... **3** 우리 본사의 꼭대기 층이 개조 공사 작업이 진행되는 다음 주 내내 폐쇄될 겁니다. 이 말은 우리가 마케팅 부서 직원들에게 새 업무 공간을 찾아주어야 한다는 뜻입니다.

올리비아 [오전 10:37]
네, 알고 있어요. **4** 마케팅 팀의 최소 절반이 다음 주에 능력 개발 워크숍 때문에 런던에 가 있을 것이기 때문에, 그 나머지 직원들을 위한 새로운 임시 공간을 찾기만 하면 됩니다.

그랜트 [오전 10:39]
아, 맞아요. 그럼, 다음 주에 기껏해야 약 10명의 부서 직원들만 있게 되는 건가요?

올리비아 [오전 10:40]
맞습니다. 그래서, 저는 우리가 3층에 있는 그래픽 디자인팀과 함께 그 직원들이 들어갈 공간을 만들 수 있을 것이라고 생각하고 있었어요. **5** 제가 지난번에 확인했을 때, 그곳에 빈 책상들이 여럿 있었거든요.

그랜트 [오전 10:42]
상황이 변했습니다. **5** 그들이 최근에 많은 신입사원들을 뽑았어요.

올리비아 [오전 10:45]
음... 그렇다면, 우리가 3번 회의실에 임시 업무 공간을 몇 개 마련할 수 있을지 확인해 보겠습니다. 그곳은 요즘 그렇게 많이 이용되고 있지 않아요.

어휘 headquarters 본사 while ~하는 동안 underway 진행 중인 workspace 업무 공간 at least 최소한, 적어도 development 개발 temporary 임시의, 일시적인 remaining 나머지의, 남아 있는 fit A in A가 들어갈 공간을 만들다 recently 최근에 recruit ~을 뽑다, 모집하다 in that case 그렇다면, 그런 경우라면 see if ~인지 확인하다 set up ~을 마련하다, 설치하다 workstation 업무 공간

3. 회사에 관해 언급된 것은 무엇인가?

(A) 새 본사로 이전했다.

(B) 일부 개조 공사 일정을 잡아 놓았다.

(C) 최근에 마케팅 직원들을 추가로 고용했다.

(D) 일주일 동안 문을 닫을 것이다.

정답 (B)

해설 그랜트 씨의 첫 메시지에 본사 꼭대기 층이 개조 공사가 진행되는 다음 주에 폐쇄된다고 나타나 있으므로 개조 공사 일정이 잡혀 있다고 하는 (B)가 정답입니다.

어휘 schedule ~의 일정을 잡다 renovation 개조, 보수 hire ~을 고용하다

4. 일부 마케팅 부서 직원들에 관해 올리비아 씨가 언급한 것은 무엇인가?

(A) 자주 그래픽 디자이너들과 협업한다.

(B) 새 업무용 장비를 요청했다.

(C) 런던 지사를 기반으로 한다.

(D) 교육 행사에 참석할 것이다.

정답 (D)

해설 올리비아 씨가 10시 37분에 작성한 메시지를 보면, 마케팅팀의 최소 절반이 다음 주에 능력 개발 워크숍 때문에 런던에 가 있을 것이라고 알리고 있다. 이는 교육 행사에 참석한다는 말과 같으므로 (D)가 정답이다.

어휘 collaborate with ~와 협업하다 request ~을 요청하다 equipment 장비 be based at ~에 기반을 두고 있다 attend ~에 참석하다

5. 오전 10시 42분에, 그랜트 씨가 "상황이 변했습니다"라고 쓴 의도는 무엇인가?

(A) 일부 업무가 연기되도록 권하고 있다.

(B) 충분한 업무 공간이 날 거라고 생각하지 않는다.

(C) 마케팅 팀이 꼭대기 층에 남아 있어야 한다고 생각한다.

(D) 새 책상들이 몇 개 주문되었다고 생각하고 있다.

정답 (B)

해설 10시 40분 메시지에서 올리비아 씨가 3층의 공간에 빈 책상들이 많이 있었다고 알리자 그랜트 씨가 '상황이 변했다'고 알리면서 신입사원들은 많이 뽑은 사실을 밝히고 있다. 즉 3층에 공간이 충분하지 않다는 뜻을 나타내는 말에 해당되므로 (B)가 정답이다.

어휘 recommend that ~하도록 권하다, 추천하다 postpone ~을 연기하다, 미루다 doubt (that) ~인지 의구심을 갖다, 의심하다 available 이용 가능한 remain 남아 있다